KB121541

반지성주의

반지성주의

우리의
자화상

강준만 지음

인물과
사상사

나의 해방 일지

"유독한 논쟁을 벌이는 것보다 더 나쁜 것은 아예 논쟁을 하지 않는 것이다."[1] 영국의 소통 전문가 이언 레슬리가 2021년에 출간한 『다른 의견』이란 책에서 한 말이다. 그는 "논쟁이 스트레스를 받는 경험, 불쾌한 경험이 아니라 흥미로운 자극을 받는 경험, 즐거운 경험임을 발견할 수 있을 것"이라며,[2] 책 전반에 걸쳐 논쟁 예찬론을 역설한다.

아주 좋거니와 바람직한 말이지만, 레슬리의 직업이 소통 전문 컨설턴트라는 걸 감안하는 게 좋겠다. 직업상 소통의 중요성과 가능성을 강조할 수밖에 없는 처지에 놓여 있다는 것이다. 게다가 그의 말처럼 "의견이 다른 사람들간의 대화는 점점 더 어려운 일이 되고 있"으니,[3] 그로선 어떻게 해서건 소통을 위한 돌파구를 만들어내야 할 게 아닌가?

행여 비아냥대는 걸로 오해하면 곤란하다. 나 역시 평소 소통과 타협을 강조하는 글을 많이 쓰는 사람인데, 그럴 리가 있겠는가? 다만, 소통을 위한 그의 열정엔 지지를 보내면서도 때론 아예 논쟁을 하지 않는 것이 유독한 논쟁을 하는 것보다는 낫다는, 다소 다른 생각을 말씀드리려는 것뿐이다.

"돼지와 씨름하지 마라"는 서양 속담이 있다. 돼지와 씨름을 하면 둘 다 더러워지는데, 돼지는 그것을 좋아한다는 이유 때문이다. 이 말은 돼지의 수준을 가진 사람과 말싸움이나 논쟁을 아예 하지 말라는 뜻으로 많이 사용된다.[4] 좋은 말이긴 하지만, 이 조언은 "누가 돼지인가?"라는 물음 앞에서 무력해진다. 나는 돼지가 아니라고 단언할 수 있을까?

우리 모두 좀더 솔직해지자. 우리는 논쟁에 임하는 순간 돼지가 되고 만다. 상대의 수준이 어떠하건 인간이라는 종족의 품성이 원래 사악하기 때문에 논쟁을 통해 옳고 그름을 가릴 수 없다는 아르투어 쇼펜하우어의 '논쟁 무용론'은 괜한 헛소리는 아니다.

하지만 쇼펜하우어의 주장도 전적으로 옳진 않다. 그는 "타고난 허영심 때문에 우리가 먼저 제기한 견해가 틀리고, 상대의 견해가 옳다고 결론이 내려지는 꼴을 보고 싶어 하지 않는다"고 했지만,[5] 이는 절반의 진실만 담고 있을 뿐이다. 정말로 자신이 옳다고 믿고 있을 가능성을 고려해야 하기 때문이다. 즉, 인간이 사악해서가 아니라 어리석기 때문에 논쟁에 기대할 게 없을 수도 있다는 것이다.

나는 문재인 정권 시기에 벌어진 '정치 전쟁'과 '집단적 광기'에 절망하기도 했다. "개인은 누구든 현명하고 합리적이지만 집단의 일원이 되면 바로 바보가 된다"(버나드 바루크)는 말을 믿고 싶었다.[6] 물론 개인 또는 단독자로 생각하고 발언했던 내가 옳다는 보장은 없으며, 오히려 내가 문제일 수도 있었다.

절망은 육체와 정신에 좋지 않다. 나는 내 건강과 평온을 위해 곧 절망하지 않는 법을 터득했다. 인간에 대한

환멸에서도 해방되었다. 비결은 간단했다. 그건 바로 나를 포함한 인간에 대한 기존의 과대평가를 버리는 것이었다.

미국의 영장류 동물학자 존 미타니는 "영장류를 연구하면 할수록 진화론의 입장에서 가장 가까운 원숭이와 우리 인간의 차이점이 무엇인지 점점 더 분간하기 어려워진다"고 했다.[7] 인간을 원숭이처럼 생각하게 되면 즐거운 마음으로 놀랄 일이 많아진다. 긍정과 낙관의 기운이 충만해진다. 그렇게 해방된 눈으로 보면 모든 게 달리 보인다.

'정치 전쟁'의 '집단적 광기'라지만 그 광기에 사로잡힌 사람들이 다른 사람들을 실제로 죽이는 건 아니다. 자신의 밥그릇 욕심 때문에 그러는 사람들도 있겠지만, 그들 대부분이 원하는 건 심리적 만족감이다. 자신들도 어찌할 수 없는 고통·상처·원한 때문에 그러는 사람들도 있을 게다. 그들의 그런 심정에 공감하지 못하는 내가 문제이거나, 아니면 그들과 나의 차이는 '틀림'으로 볼 수 없는 '다름'의 문제일 수도 있다.

그래서 나는 '정치 전쟁'과 관련된 모든 논쟁을 포기한 건가? 아니다. 논쟁의 방식만 달라졌을 뿐이다. 나는 맥락을 밝히는 데에 충실한 기록을 통해서 간접적이고 역사적인 논쟁은 얼마든지 가능하다는 생각을 하게 되었다. 논쟁의 시점을 고통·상처·원한이 가라앉을 뒤로 미룬 셈이다. 매일 기록 일지를 써나가면서 나는 내가 동의할 수 없었던 언행들에 대한 감정적 불편과 피로의 굴레에서 해방될 수 있었다. 어떤 이들의 광기마저 담담하게 지켜볼 수 있을 정도로.

　나는 과연 무엇에서 해방되고자 했던 걸까? 그간 내가 느꼈던 '감정적 불편과 피로'의 정체는 무엇이었을까? 나도 뒤늦게 깨달은 사실이지만, 그건 바로 부족주의와 그에 따른 반反지성주의였다. 온전한 정신을 가진 사람으로 알았던 분이 정치판에 뛰어든 후에 자기 정당화를 위해 견마지로犬馬之勞(개나 말 정도의 하찮은 힘이란 뜻으로, 임금이나 나라를 위해 충성을 다하는 것을 비유한 말)의 화신처럼 구는 걸 보는 게 몹시 불편했다. 물론 나는 나의 해방 일지를 쓰면서 그런 불편한 감정에서도 해방될 수 있었다.

　미국 작가 수전 제이코비는 『반지성주의 시대』(2018)라는 책에서 "오늘날 미국에서는 지식인과 비지식인 모두가 똑같이, 좌파건 우파건, 자신의 주장에 공명하지 않는 목소리는 모조리 듣지 않으려는 경향이 있다"며 "이런 외고집은 게으른 정신과 반지성주의의 본질을 드러내는 징후다"고 말한다.[8] 이 주장에 따른다면, 미국 못지않게 정치적 양극화가 심각한 한국에서 반지성주의는 '상식'일 뿐 비판받을 건 못 된다. 적어도 다수결의 원리에 따른다면 말이다.

행인지 불행인지는 모르겠지만, 나는 한국 사회에서 '징후'를 넘어서 활짝 만개한 반지성주의에 대해서도 너그러워질 수 있었다. 미국 언론인 마이클 르고의 다음 주장을 한국에도 얼마든지 적용할 수 있다고 생각할 정도로 말이다.

"미국인들은 교양 높은 지성주의와 박식함보다는 일상생활과 관련된 지식을 선호한다. 왜냐하면 미국인들은 젠체하는 지성주의를 엘리트주의, 계급에 토대한 권력, 미국이 반발했던 출신에 따른 신분적인 특권으로 간주하기 때문이다."[9]

이 책은 반지성주의에 대해 비판적이지 않다. 물론 비판에 좀 가깝긴 하지만, 반지성주의를 열린 자세로 담담

하게 받아들인다. 이 책의 부제목을 '우리의 자화상'이라
고 부른 것도 바로 그런 이유 때문이다. 이 책은 「제1장 왜
대중은 반지성주의에 매료되는가?」라는 총론 격의 글에
일종의 사례 연구로 「제2장 탁현민이 연출한 문재인의 '이
미지 정치'」, 「제3장 민형배의 '위장 탈당'은 '순교자 정치'
인가?」, 「제4장 왜 윤석열과 김건희는 자주 상식을 초월하
는가?」라는 3개 장을 더했다. 반지성주의가 흘러넘치는 세
상일망정 그곳이 바로 우리가 살아가야 할 세상이라는 점
을 긍정하면서 살아가는 것도 좋을 게다. 적어도 우리의 행
복을 위해선 말이다.

2022년 11월

강준만

차례

제3장 민형배의 ‘위장 탈당’은 ‘순교자 정치'인가?

제4장 왜 윤석열과 김건희는 자주 상식을 초월하는가?

제1장

왜 대중은
반지성주의에
매료되는가?[1]

반지성주의 개념의 혼란

"국가간, 국가 내부의 지나친 집단적 갈등에 의해 진실이 왜곡되고, 각자가 보고 듣고 싶은 사실만을 선택하거나 다수의 힘으로 상대의 의견을 억압하는 반지성주의가 민주주의를 위기에 빠뜨리고 민주주의에 대한 믿음을 해치고 있습니다."

2022년 5월 10일 대통령 윤석열이 취임사에서 한 말이다. 이후 여야는 한동안 상대편을 향해 '반지성주의Anti-intellectualism'라고 비판하는 '반지성주의 공방'을 벌였지만, 하나마나한 일이었다. 양쪽 모두 반지성주의에서 자유로울 수 없는데다, 반지성주의에 대한 편협한 정의에 얽매였기 때문이다. 사실 반지성주의라는 주제로 논쟁을 하긴 어렵다. 이 개념에 대한 명확한 정의 자체가 없기 때문이다. 그럼에도 한 가지 눈여겨볼 점은 있다.

그간 반지성주의는 주로 파시즘, 매카시즘, 근본주의, 극우주의 등과 관련해 논의되어왔는데, 최근엔 진보 진영의 반지성주의에 집중된 양상을 보이고 있는 게 흥미롭다. 이는 반지성주의를 주로 보수적인 것으로 간주해온 그간의 경향에 비추어볼 때에 반지성주의를 심층적으로 이해할 수 있는 좋은 기회다. 그런 변화는 '지식인의 죽음'이 외쳐지고 있는 시대적 상황과 디지털 미디어의 확산으로 인한 집단지성의 활약에 크게 영향받은 것이지만, 정작 문제는 반지성주의라는 개념이 모호해 혼란을 초래함으로써 논의의 진전을 어렵게 만든다는 데에 있다.

이런 혼란은 원래 이 용어를 처음으로 쓴 미국 역사가 리처드 호프스태터가『미국의 반지성주의』(1963)라는 책에서 "무엇인가를 정의한다는 것은 논리적으로는 방어

할 수 있지만 역사적으로는 자의적인 행위여서 별다른 이점이 없어 보인다"는 이유로 반지성주의에 대한 명확한 정의를 내리지 않았기 때문에 빚어진 문제로 보인다.

호프스태터는 자신이 '반지성적'이라고 일컫는 태도나 사고에 대한 공통된 감정을 지적하는 것으로 정의를 대신했다. 그것은 바로 "정신적 삶과 그것을 대표한다고 여겨지는 사람들에 대한 분노와 의심이며, 또한 그러한 삶의 가치를 언제나 얕보려는 경향"이다.[2] 그가 말하는 반지성주의는 지식인에 대한 경멸과 증오를 의미하는 것으로 이해할 수 있는데, 이는 그가 이 책을 쓰게 된 이유이자 배경인 매카시즘의 지식인관과 정확히 일치한다.

호프스태터는 주로 1950년대에 미국 사회를 휩쓸었던 매카시즘의 광풍을 고발하기 위한 역사적 분석의 목적으로 반지성주의라는 개념을 썼기 때문에 그런 수준의 정의만으로 충분했을 것이다. 그러나 이 개념이 시간과 공간을 초월해 널리 사용되면서 '지식인에 대한 경멸과 증오'라는 단순한 정의로는 감당할 수 없는 일들이 벌어졌다.

한국의 현실을 보자. 반지성주의라는 비판을 받는 사

람이 반지성주의를 비판하고, 진보와 보수는 각각 상대편을 반지성주의라 비판하고, 페미니스트들과 그 비판자들도 각각 상대편을 반지성주의라 비판하고, 감성주의를 반지성주의로 간주하는 등 혼란스러운 양상을 보이고 있다. 다음과 같은 7개의 사례가 그런 현실의 일면을 잘 보여준다.

한국에서 반지성주의 용법의 7개 사례

① "'진보'와 '어용'과 '지식인'을 한자리에 세운 놀라운 광경은 반동적 반지성주의의 '가장 빛나는 순간'이다. 진보와 지식인이라는 말을 써온 역사적 맥락을 탈각하여 옐로우 스탠스(맹목적인 당파성)를 간단하게 '진보'의 자리에 올려놓고 '어용'이라는 말 안에 녹아 있어야 할 수치심을 지운다. 이때 수치심을 지우는 지우개는 '엘리트주의의 폐기'라는 반권위주의적 수사다."(손희정이 2017년 유시민의 '어용 지식인' 선언에 대해 한 말이다.)[3]

② "국민들이 큰 관심을 갖고 있는 정책 이슈 보도를

보면 거의 '반지성주의'라고 할 수 있을 정도로 혹세무민하는 보도가 넘쳐난다. 이런 것은 일주일에 한 번은 정리해줘야 되지 않겠나."(유시민이 2018년 12월 전 대통령 노무현과 정부·여당에 대한 '가짜뉴스'에 대응하기 위해 팟캐스트를 시작한다고 밝히면서 한 말이다.)[4]

③ "박근혜 탄핵 정국 당시 혹세무민하는 반지성주의적인 가짜뉴스들이 횡행하는데 보수의 목소리는 지상파를 통해서나 종편을 통해서나 제대로 전달할 방법이 없어서 보수 진영에서 유튜브를 시작했고 그것이 현재의 유튜브 신드롬의 계기였다."(2018년 12월 24일 TV조선의 시사쇼 〈이것이 정치다〉에서 나온 주장이다.)[5]

④ "민족 담론을 내세워 친일파 청산을 주장한다는 것만으로 '북한의 주장', 더 나아가 '인민민주주의에 동조한다'고 몰아붙이는 건 그야말로 반지성주의라고 생각한다. 만일 그런 논리대로라면 이승만 정권도, 박정희 정권도 모두 인민민주주의를 추구했다고 보아야 하기 때문이다."(2019년 2월 16일 『오마이뉴스』 시민기자 윤성환의 주장이다.)[6]

⑤ "'오피니언 리더'라는 건 존재한다고 생각한다. 어디에나 선도적인 사람은 있으니까. 그걸 고깝게 여기고 아래로 끌어내리려고만 하는 건 '반지성주의'다. 내가 모르는 걸 알려줄 때 '내가 몰랐네, 공부해야지'라는 태도를 보이는 게 사회에 도움이 되지 않겠나."(국민TV 팟캐스트 '까고 있네'의 기자 성지훈이 진보 진영 인사들을 비판했다는 이유로 중징계를 받고 퇴사한 후 『미디어오늘』 인터뷰에서 합리성을 결여한 진보 진영을 비판하면서 한 말이다.)[7]

⑥ "넷페미니스트들은 인터넷을 활용해 폭로 운동을 주도해왔다. 가이드라인과 검증 장치가 없는 폭로는 부작용이 따랐다.……한 번 무너진 삶은 회복될 수 없는데 아무도 책임지는 사람은 없다. 이런 세상이 된 데에는 페미니즘에 대한 반론을 허용하지 않은 반지성주의의 역할이 컸다."(작가 이선옥이 『주간경향』에 기고한 「지성의 무덤이 된 페미니즘」이라는 글에서 한 말이다.)[8]

⑦ "감성과 힐링과 자극과 공감만이 넘치는 사회를 '반지성주의 사회'라고 한다. 이러한 반지성주의 사회가 도래한 것은 삶이 빡빡해진 탓도 있지만, 보통 사람들이 감

당하기에는 사회가 너무 복잡해졌고 또 처리해야 할 정보가 너무나 많아졌기 때문이다."(서울대학교 국제대학원 교수 이근이 『경향신문』에 기고한 「'반지성주의 사회' 경계해야」라는 칼럼에서 한 말이다.)[9]

이렇듯 언론엔 반지성주의를 비판하는 글들이 자주 실리는데, 반지성주의의 주체로 간주되는 사람들은 이런 비판에 대해 댓글 등을 통해 강한 반감을 드러낸다. 그런 반감은 이런 식이다. "반지성주의? 자기가 지성이라는 것도 웃기고 자기가 주장하는 것이 맞는다고 우기는 것도 이상하다." "요즘 한경오에서 말빨이 잘 안 먹히니 들고 나오는 논리가 '반지성주의'인 것 같습니다. 이것 또한 지독한 엘리티즘과 선민의식의 발로가 아닌가 하는 생각이 듭니다."[10] 이런 반감과는 별도로 반지성주의 비판은 "자칫 엘리트주의적, 지성 중심주의적 요소를 내세워 대중의 자율적 판단력에 회의를 표현하는 방식으로 흘러갈 수 있다"는 우려도 나오고 있다.[11]

그럼에도 대부분 사람들에게 반지성주의는 무슨 말인지 이해할 수 없거나 어느 정도 이해는 한다 해도 "반지

성주의 문제가 그렇게 심각한가?"라는 의문을 불러일으킬
정도로 낯선 개념이다. 반면 한국 사회에 대해 자주 내려지
는 '소통의 위기'라거나 '불통사회不通社會'라는 진단에 대
해선 흔쾌히 수긍한다. 반지성주의는 불통의 주요 원인이
므로, 반지성주의에 관한 논의는 한 걸음 더 들어간 소통
연구로 이해할 필요가 있다.

　　이 글은 그간 이루어진 반지성주의에 관한 논의를 살
펴보면서 반지성주의 개념의 혼란상을 지적한 후 혼란을
없애거나 줄일 수 있는 정의를 내리고자 하지만, 그게 이
글의 주요 목적은 아니다. 이 글은 '대중'이라 칭해도 무방
할 정도로 많은 사람이 반지성주의에 매료되는 거시적인
배경을 밝히는 동시에 개인을 중심으로 그 이유를 미시적
인 설득 커뮤니케이션의 관점에서 분석하고 해석함으로써
소통에 기여하고자 하는 게 주요 목적이다.

미국·유럽·일본에서 반지성주의 논의

반지성주의는 호프스태터가 이 용어를 쓰기 이전부터, 인류 역사에서 지성의 출현 이후로 존재해온 것이었지만, 미국이라고 하는 독특한 토양에서 꽃을 피운 사회적 현상이다. 호프스태터가 "반지성주의는 미국의 민주적 제도나 평등주의적 정서에 바탕을 둔다"고 했듯이,[12] 미국은 반지성주의에 매우 우호적인 건국·발전 과정을 거친 나라다. 평등주의와 더불어 오랜 개척 과정을 거치면서 늘 '사고하는 인간'보다 '실천하는 인간'을 중시해온 미국의 독특한 역사적 배경은 오늘날에도 미국 사회에 큰 영향을 미치고 있다.

호프스태터가 반지성주의의 연장선상에서 지적한 '미국 정치의 편집증적 스타일the paranoid style in American politics'은 정적을 인민의 이익에 반하는 기득권 세력으로 악마화하는 정치적 관행으로 고착되었으며,[13] 이는 도널드 트럼프의 정치 행태를 통해서도 잘 드러난 바 있다. 그래서 미국에선 반지성주의 연구가 반세기 넘게 활발하게 이루어지고 있으며,[14] 반지성주의를 '권위주의적 성격'처럼 개인을 대상으로 해서 실용 지식 선호도 등을 중심으로 반지성주의 성향을 측정하는 진단 계량화를 시도하는 연구들까지 나오고 있다.[15]

호프스태터는 반지성주의의 엄격한 정의를 내리지 않았지만, 사회학자 대니얼 리그니가 1991년 『미국의 반지성주의』를 토대로 추출해낸 반지성주의의 3대 유형은 오늘날 반지성주의에 관한 연구의 기본 지침으로 활용되고 있다. 이 3대 유형은 이성보다 신앙을 우위에 두는 '종교적 반합리주의religious anti-rationalism', 기득권 세력과 지식인의 반평등 우월의식에 비판적인 '인민주의적 반엘리트주의populist anti-elitism', 친자본주의적이면서 실용적 지식을 선호하는 '무분별한 도구주의unreflective instrumentalism'다.[16]

이를 영역으로 보자면 종교, 정치, 기업의 3대 분야인데, 반反기업주의 정서가 강했던 호프스태터는 "미국의 생활 문화에서는 실용성이 압도적으로 중시되어왔고, 기업가는 19세기 중반 이후로 가장 강력한 반지성주의 세력이었다"고 주장했다. 그는 실용주의의 거두巨頭인 존 듀이를 비판하면서 실용주의를 사실상 반지성주의의 온상으로 간주했으며, 그 연장선상에서 학교가 '아이들의 지성을 키우는 장이 아니라 아이들을 시민으로 훈련시키는 장'이 되었다고 개탄하는 동시에 직업 교육을 '강력한 반지성주의 운동'으로 비판했다. "직업 교육 중시 경향은 지성보다 인성(또는 인간성)을 중시하는 경향이나, 개선과 재능보다 순응적이고 부리기 쉬운 태도를 선호하는 경향과 연결된다"는 이유에서였다.[17]

이렇듯 호프스태터는 반지성주의 적용 범위를 처음에 내세운 '지식인에 대한 경멸과 증오'를 넘어서 기존 체제에 대한 순응주의로 확장하면서 반지성주의 개념의 혼란을 가중시켰다. 유럽은 어떠했을까? 테오도어 아도르노는 1969년 반지성주의를 지성 전반에 대한 증오로 기존 사회의 원리에 순응하는 '관료국가적 사고의 산물'로 정의했는데,[18] 바로 이 지점에서 호프스태터와 아도르노가 만나게 된다. 그런데 문제는 반지성주의를 이렇게까지 확장하면 이념성이 농후한 개념이 되면서 '좌파 반지성주의'는 존재하기 어렵다는 문제에 봉착한다.

아도르노는 파시즘의 권위주의를 논하면서 좌파의

권위주의는 존재할 수 없다는 식의 주장을 펴 스스로 논란을 자초했는데,[19] 반지성주의 역시 그런 논란을 피할 수 없게 된다. 호프스태터는 공산주의자에서 전향해 미국 사회의 합의를 중시하는 '합의사학파consensus historians'의 일원이 되었지만 강한 진보성은 여전히 갖고 있었다.[20] 그가 '우파 반지성주의'에만 몰두한 것은 그의 출신 배경과 당시의 시대적 상황에 비추어 이해할 수 있는 일이긴 하지만, 반지성주의 개념을 시공을 초월해 사용하고자 한다면 이념성의 문제는 걷어내는 일이 필요할 것으로 보인다.

반지성주의 논의가 활발한 일본의 반지성주의 용법도 비슷한 양상을 보이고 있다.[21] 일본의 반지성주의 담론은 겉으로는 지성의 퇴락을 이야기하고 있지만, 실은 '보수주의'나 '우경화'에 대한 대체 용어로 사용되고 있다.[22] 그럼에도 눈여겨볼 만한 점은 반지성주의를 담론에 임하는 태도나 자세의 문제로 이해하는 시도가 활발하게 이루어지고 있다는 점이다.

예컨대, 우치다 다쓰루는 반지성주의를 움직이는 힘은 '단순한 게으름이나 무지'가 아니라 '외곬의 지적 정열'

이며, 반지성주의자들은 시간이 흐르지 않는 '무시간성'의 사고를 하기 때문에 '지금, 여기, 눈앞에 있는 상대'를 지식과 정보와 추론의 선명함으로 '압도'하는 일에 열중한다고 말한다.[23] 그들은 지적 욕망이 워낙 강해 편협하며 세상을 자신이 이해하고 싶은 대로 이해하는 태도를 갖고 있다는 등의 지적도 나온다. 전반적으로 보아 일본에서는 "반지성주의가 일본 사회를 온통 뒤덮고 있다"는 식으로 집단적인 사회 병리를 표현하는 부정적인 의미로 많이 사용되고 있다.[24]

한국에서 반지성주의의 3대 요소

한국에서 반지성주의 논의는 최근에 나타난 현상이다. 독재 정권 시절인 1970년대 중반 김병익은 "지식인이 무기력하고 비겁해졌을 뿐만 아니라 나아가 진실을 왜곡하고 판단을 부당하게 내리며 국민들을 오도하는 현상"을 가리켜 '반지성주의'로 비판했지만,[25] 그런 정도의 용법으로만 사용되었을 뿐 반지성주의에 대한 논의는 이루어지지 않았다.

반지성주의에 대한 논의가 활발해진 것은 2010년대부터다.[26] 공교롭게도 2017년 5월 9일 대통령 선거일과 비슷한 시기에 번역·출간된 『미국의 반지성주의』에 언론이 적잖은 관심을 보이면서 반지성주의라는 말이 널리 쓰이게 되었다. 비교적 초기에 나온 박영균의 반지성주의 논의는 일베(일간베스트저장소)를 대상으로 한 것이었지만,[27] 문재인 정부의 출범 이후엔 이른바 '어용 시민'을 자처한 일부 열성 지지자들과 이와는 별도로 벌어진 페미니즘 논쟁에서 반페미니즘 남성들을 대상으로 반지성주의라는 말이 많이 쓰이는 양상을 보였다.

반지성주의 용법의 문제에 적극 개입한 천정환은 "'문빠'로 표상되는 대중정치에 우려할 점이 있다 해도 그 주된 흐름을 반지성주의로 단정 짓는 것은 성급하거나 안일한 태도의 소산"이라고 비판한다.[28] 그는 반지성주의를 넓고 크게 해석하는 동시에 가치를 부여하면서 일베나 박사모류와 일부 '문빠'들을 등치시킬 수 있겠느냐고 반문한다. 그는 "문재인 지지자들에게서 진짜 최종 심급에 있는 것은 노무현(문재인)에 대한 애정이나 죄의식이다"며 '문빠'의 '민주주의자로서의 의식'을 강조한다. '문빠'는 꽤 다양한 젠더와 계층의 정체성을 지닌 '감정의 연대체' 같은 것으로, 반지성주의와는 거리가 멀다는 것이다. 이어 천정환은 "반지성주의에 대한 경계가 지식인이라 불리는 부류의 자기합리화나 오히려 '반지성'으로 귀착되지 않게 주의해야 한다"며 "특히 '나는 너희들이랑 다른 지성이야' 같은 암묵적 엘리티즘이 거기 끼어 있지 않은지 지성으로써 살펴야 한다"고 주장한다.[29]

경청해야 할 좋은 지적이지만, 반지성주의의 정의를 내리는 데엔 별 도움이 되지 않는 것 같다. 반지성주의를 둘러싼 혼란의 핵심은 이 용어를 이념성을 걷어낸 가치중립적 개념으로 쓸 수 있는지의 문제인데, 이에 대한 논의가 없기 때문이다. 또 하나의 문제는 적용 대상의 범위다. 천정환은 "'문빠'로 표상되는 대중정치에 우려할 점이 있다 해도 그 주된 흐름을 반지성주의로 단정 짓는 것은 성급하거나 안일한 태도의 소산"이라고 했는데, '주된 흐름'을

'일부 흐름'이나 '일부 참여자'로 바꾸면 달리 말할 수도 있다는 걸까?

이런 의문과 관련, 나는 반지성주의를 이념의 좌우를 막론하고 적용하는 가치중립적 개념이자 특정 언행을 중심으로 적용하는 미시적 개념으로 쓸 것을 제안하고 싶다. 이는 반지성주의를 격렬하게 비판하는 사람일지라도 개인적으로 반지성주의적 행태를 보일 수 있다는 점을 인정하는 것이다. 특정 개인이나 집단이 그런 언행을 상습적으로 많이 저지른다면 "반지성주의 경향이 있다"고 말할 수 있을 것이다.

특정 언행이 아니라 사람을 지칭해 반지성주의라고 비판하면, 듣는 사람으로선 천정환이 잘 지적한 것처럼 "나는 너희들이랑 다른 지성이야"라는 의미로 해석하게 되어 메시지 전달에 실패할 가능성이 높다. 실제로 이런 반감은 반지성주의를 비판하는 칼럼들에 달린 댓글들을 통해 쉽게 확인할 수 있다. 특정 언행과 그걸 저지른 사람을 구분하는 게 현실적으로 무슨 의미가 있느냐는 반론도 가능하겠지만, 언어 본질주의의 문제도 넘어서는 동시에 "같은 말이라도 아 다르고 어 다르다"는 속담의 취지처럼 그만큼 신중을 기할 필요가 있다는 뜻이다.

나는 그런 두 가지 전제와 더불어 반지성주의를 "이성적·합리적 소통을 수용하지 않는 정신 상태나 태도"로 정의하면서 그 3대 요소로 신앙적 확신, 성찰 불능, 적대적 표현을 제시하고자 한다. 호프스태터가 말한 '지식인에 대한 경멸과 증오'는 시공을 초월해 적용하기엔 문제가 있다고 보기 때문이다. 지식인을 어떻게 정의하건 부도덕하거나 무책임한 지식인을 비난하는 것마저 지식인에 대한 적대감을 드러낸다는 이유로 반지성주의라고 부를 수는 없는 일이다. 또한 오늘날 반지성주의가 주로 사이버세계를 통해 나타나고 있기 때문에 이에 걸맞은 새로운 정의가 필요하다고 보기 때문이다.

신앙적 확신은 이미 어떤 사안에 대한 움직일 수 없는 '정답'을 갖고 있는 상태, 성찰 불능은 그로 인해 성찰 기능이 작동하지 않아 소통을 무의미하게 만드는 상태, 적대적 표현은 자신의 '정답'을 실천하기 위해 다른 의견을 가진 사람을 적대적으로 대하면서 욕설과 인신공격도 불사하는 공격적 태도를 말한다.

반지성주의의 사회적 수요

모든 사회적 현상이 다 그렇듯이, 반지성주의의 부상엔 그
럴 만한 이유가 있다. 수많은 이유 가운데 가장 두드러지는
건 평등 정신이다. 호프스태터가 반지성주의의 한 축으로
간주한 '종교적 반합리주의'만 해도 당시엔 대중의 열광적
인 호응을 얻은 것이었다. 1720년대에 시작되어 1740년
대에 절정에 달한 대각성the Great Awakening 운동은 당시 개
신교가 아메리카 대륙의 새로운 지배 계층으로 떠오른 부
유하고 힘 있는 엘리트 중심의 종교였다는 점에 반발해서
일어난 것이었다.

　신앙부흥 운동가들은 지성적인 교계가 신의 뜻에서
멀어졌다고 주장하면서 지식이나 교양보다는 직관을 강조
했다. 그들은 '서커스 예배'라고 해도 좋을 정도로 강단에
서 몸을 격렬하게 움직이고 우레와 같이 고함을 지르며 때

로는 강단 위를 춤추며 돌아다니는 설교 행위로 청중의 감성에 호소했다. 이런 부흥 운동가들의 열렬한 추종자들은 주로 교육을 받지 못한 하층민과 중산층이었다. 호프스태터는 이런 부흥 운동가들의 활약에 "목사들은 마치 무대 위의 가무단 맨 앞줄에 선 젊은 여성에게 마음을 빼앗긴 남편을 보고 있는 늙은 아내와 같은 심정이었다"고 썼다.[30]

지성의 소유자들은 주로 기득권 엘리트 계급에 속해 있었기 때문에 반기득권 투쟁은 자연스럽게 반지성주의로 발전했으며, 이는 사회 전 분야에 걸쳐 일어났다. 지성을 대변하는 계급은 대중의 이런 민주주의 열정에 제대로 대처하지 못했으며, 오히려 현실에서 멀어지는 자기소외에 빠져들고 있었다. 그들은 "미국에서 벌어진 가장 급격하고 극적인 변화에 대해서는 거리를 두고, 사업이나 정치의 중심적 기관들의 운영에서 밀려나는 한편, 일반 대중의 욕구에 굳이 동조하려고 하지 않았다". 그들에게는 "지성을 활용하는 기쁨보다 지성을 소유하고 있다는 자부심"이 더 컸기에, "세상 위에 따로 떨어져서 세상을 내려다보는"식의 사회 감각으로 세상을 구경하는 데에만 머물렀다.[31] 현대에 들어서 급격히 진행된 '대학의 상업주의화'와 그에 따른 '공공 지식인의 소멸'은 모든 걸 시장이 결정하게끔 만드는 데에 일조했다.[32]

물질주의는 평등주의와 더불어 반지성주의를 떠받치는 양대 축이다. 미국 개척의 역사는 기본적인 생존을 위한 투쟁이었기에 지성의 힘은 상대적으로 미약했고 실용적 지식을 중심으로 한 물질주의가 절대적 가치로 군림했다. 물질주의와 평등주의가 결합한 것이 이른바 '시장 포퓰리즘market populism'이며, 이 체제하에서 지성은 기업으로 이전되었다. 엘리트주의를 비난하지만 기업 CEO들은 키우며, 위계질서를 비난하지만 기업을 가장 강력한 조직으로 만들고, 시장 내의 개인은 현명하다고 칭찬하지만, 정부나 학계와 같은 시장 밖의 상황에 대해선 반지성주의를 드러낸다.[33]

한국도 미국 못지않게 평등주의와 물질주의가 강한 나라다. 한국은 오랜 세월 신분사회와 식민 통치의 질곡에 짓눌렸다가 해방되었기에 평등주의 욕구가 강할 수밖에 없었고, 이후 전쟁의 상처와 냉전의 공포, 빈곤에서 탈출하기 위한 개발 독재형 경제 개발 과정을 거치면서 물질주의에 경도되었다. 먹고사는 문제에 대한 절박성과 독재 체제 하에서 지성의 소멸이 미친 영향은 오늘날까지도 지속된 가운데 지성주의의 발언권을 크게 위축시켰다. '지성'보다는 '행동'이 요구되었던 민주화 과정에서 대부분 지식인은 지성의 발휘조차 삼가며 적극적인 자기소외에 빠져들었으며, 그걸 넘어서 지성의 타락이라고 해도 좋을 정도로 이른 바 '어용 지식인'이 양산되었다.

민주화 이후엔 '시장 포퓰리즘'의 전성시대를 불러온 신자유주의 경제에 적절히 대응하지도 못했다. 특히 정치 엘리트에 대한 반감은 '정치 불신'이나 '정치 혐오'를 넘어 아예 '정치 저주'라고 해야 어울릴 정도로 강하다. 그래서 선거 때마다 '정치 저주'의 심리를 이용한 정치 엘리트의 '물갈이(인물 교체)'가 의심할 바 없는 정당한 개혁으로 간주되기도 한다.[34]

물론 평등주의, 물질주의, 지성의 자기소외는 반지성주의의 사회적 배경 중 일부일 뿐이다. 그 밖에도 ① 집단 지성의 도전으로 인한 갈등,[35] ② '정체성 정치'의 범람,[36]

③ 학력·계층 간 격차 확대,[37] ④ 신자유주의적 가치의 범람,[38] ⑤ 기업이 사회를 식민화한 기업 사회의 도래,[39] ⑥ '지성의 상업화'와 '뉴미디어 문화'로 인한 지성의 권위·신뢰 추락,[40] ⑦ 전통적 지식인의 죽음,[41] ⑧ 개발 독재 시절 발전주의적 지식 활동에 대한 선별적 지원,[42] ⑨ 정치적 격변 상황에서 잦은 '사상적 전향'으로 인한 지식인 불신[43] 등 여러 요인을 추가할 수 있다. 그런데 이런 요인은 개인이 반지성주의 성향을 갖게 되는 직접적인 원인이라고 하는 관점에서 보자면 평등주의(①②③), 물질주의(④⑤⑥), 지성의 자기소외(⑦⑧⑨)로 수렴될 수 있다. ①②③은 평등주의 정서를 고양시킬 것이고, ④⑤⑥은 물질주의와 관련이 있으며, ⑦⑧⑨는 지식인의 자기소외와 연결되기 때문이다.

이런 복합적인 사회적 배경 중에서도 지성의 자기소외에 비추어보자면, 반지성주의를 탓할 수 있는 주체가 가능한가 하는 의문을 불러일으킬 수밖에 없다. 반지성주의는 상당 부분 지성주의의 자업자득이지만, 지금 그런 주장을 하려는 건 아니다. 반지성주의의 사회적 수요엔 그럴 만

한 역사·사회적 배경이 있다는 걸 이해할 때에 비로소 반지성주의에 슬기롭게 대처할 수 있는 길도 모색할 수 있지 않겠느냐는 뜻에서 하는 말이다.

반지성주의를 유발하는 거시적 환경은 앞으로 계속 논의해야 할 주제겠지만, 이 글에서 다루고자 하는 것은 그런 환경을 기반으로 이루어지는 개인적인 소통의 문제다. 똑같은 거시적 환경에 처해 있다고 해서 모두 다 반지성주의 언행을 보이는 건 아니므로, 미시적인 설득 커뮤니케이션의 관점에서 어떤 인지적 편향이 반지성주의를 유발하거나 촉진하는가 하는 점을 탐구해보겠다는 것이다. 반지성주의는 인간 세계에 갈등이 존재하는 한 결코 사라질 수 없는 것이기에, '제거'가 아닌 '관리'의 대상이다. 인지적 편향에 대한 이해도가 높아지고 그런 이해가 많은 사람들에게 공유된다면 반지성주의의 과도한 정도와 확산을 억제하는 데에 조금이나마 도움이 되지 않을까?

반지성주의를 유발하는 인지적 편향

이를 위해 먼저 풀고 넘어가야 할 숙제는 지성과 감성의 관계다. 일부 반지성주의 논의는 호프스태터도 그랬듯이 감성을 지성의 반대편에 놓는 문제를 드러내고 있다. 하지만 그간의 과학적 연구들은 감정이나 감성 없이 이성이나 지성이 제대로 작동할 수 없음을 밝히고 있다. 쉽게 말해, 둘은 분리될 수 없다는 것이다. 더 나아가 합리적·이성적 사고는 본질적으로 착각에 불과하며 인간은 본능과 감성에 의해 움직인다는 주장까지 대두되고 있는데,[44] 이런 주장은 논외로 치더라도 감성과 지성의 분리 불가능성만큼은 수용하는 것이 필요하다. 최근 '감성 공론장'과 '감성 커뮤니케이션' 등의 개념을 제시하면서 공론장과 소통에서 감성의 가치와 역할을 인정하는 감성 긍정론 연구들이 나오고 있는 것도 그런 맥락에서 이해할 수 있다.[45] 이제부터 다룰 인지적 편향은 감성 긍정론을 수용하는 선에서 논의되는 것임을 밝혀둔다.

우리 인간의 마음은 하나인가? 하나가 아니라 '시스

템 1'과 '시스템 2'라는 두 가지의 '인지 시스템'으로 이루어져 있다는 설명이 설득력을 얻고 있다. '시스템 1'은 거의 혹은 전혀 힘들이지 않고 자발적인 통제에 대한 감각 없이 자동적으로 빠르게 작동하는 시스템인 반면, '시스템 2'는 복잡한 계산을 포함해서 관심이 요구되는 노력이 필요한 정신 활동에 관심을 할당하는 시스템이다. '시스템 1'과 '시스템 2'는 심리학에서 광범위하게 사용되는 용어인데, '시스템 1'은 '빠르게 생각하기', '시스템 2'는 '느리게 생각하기'라고 할 수 있다.[46]

오늘날 전성기를 맞고 있는 행동경제학behavioral economics은 '시스템 1'을 보편적인 인간이라고 보는 시각에서 출발한다. 반면 일반 경제학 이론은 '시스템 2'를 주인공으로 삼아 사람들이 대단히 이성적이고 감정과는 거리가 먼 존재라고 가정한다. 심리학자임에도 "심리학에서의 통찰을 경제학에 적용함으로써 연구 분야에 새로운 지평을 열었다"는 이유로 2002년 노벨경제학상을 받은 대니얼 카너먼은 노벨상 수상 소감에서 "인간이 모두 비합리적이라고 말하는 것은 아닙니다만 '합리성'이라는 개념은

매우 비현실적입니다"라며 "저는 '합리성'이란 개념 자체를 부정하고 싶을 뿐입니다"라고 말했다.[47]

물론 우리는 '합리성'이라는 개념 자체를 부정할 필요는 없다. 우리 인간은 합리적일 때도 있고 합리적이지 않을 때도 있다. 반지성주의는 우리 안의 합리적이지 않은 면이 작동할 때에 일어나는 것이므로, 행동경제학에서 강조하는 인지적 편향은 반지성주의의 원인을 규명하는 데에 도움이 된다. 어떤 인지적 편향이건 우리 인간의 '제한된 합리성bounded rationality'에서 비롯된 것이므로 반지성주의와 무관할 수 없지만, 반지성주의를 유발하거나 촉진하는 대표적인 인지적 편향은 ① 행동 편향, ② 가용성 편향, ③ 확증 편향, ④ 부정성 편향, ⑤ 이야기 편향 등 5개를 들 수 있다. 그 밖에도 평등 편향,[48] 더닝-크루거 효과,[49] 이기적 편향[50] 등 여러 편향이 반지성주의와 깊은 관련이 있지만, 여기선 중요도 기준으로 5개를 집중적으로 다루고자 한다. 인지적 편향에 대한 탐구는 반지성주의가 문화적 환경과 소통의 조건에 따라 조성되기도 한다는 것을 밝히는 것뿐만 아니라 대중의 폭넓은 지지를 받는 이유를 설명하는 데에도 도움이 된다. 이런 인지적 편향들은 반지성주의를 행사하는 주체뿐만 아니라 수용자들도 상당 부분 공유하고 있는 것이기 때문이다.

행동 편향과 반지성주의

인류의 탄생 이래로 생존에 도움이 되는 것은 말보다는 행동이었으며, 이는 문화적 유전자로 고착되어 오늘날까지 지속되고 있다. 생각이나 말과 행동을 대비시키면서 행동의 중요성을 역설하거나 예찬하는 명언은 무수히 많아도 그 반대의 명언은 거의 없다는 것이 이를 잘 말해준다. "말보다는 행동이 더 큰 힘을 쓰는 법이다." "말을 행동에 맞추지 말고 행동을 말에 맞춰라." "인간의 삶은 생각이 아닌 행동에 의해 이루어진다." "성공과 실패의 유일한 차이는 행동을 취할 수 있는 능력이다." 개인의 성장 과정 내내 이런 학습을 받아온 사람들은 똑같은 결과, 아니 더 나쁜 결과가 나오더라도 가만있는 것보다는 행동하는 게 더 낫다는 믿음을 갖고 있는데, 이를 가리켜 '행동 편향action bias' 이라고 한다.

행동 편향이 지배하는 사회에서 행동하지 않는 건 죄악이 된다. 정치인이나 관료들은 사회적 문제를 해결하기 위해 무언가 행동을 보여달라는 요구가 빗발치기 때문에 "일단 저지르고 보자"는 유혹을 받기 쉽다. 한국의 대학 입시 정책이 대표적인 예다. 입시 제도는 정권과 교육부 장관이 바뀔 때마다 바뀐다. 그래서 평균 3년 만에 한 번꼴로 바뀌어왔지만, 나아진 건 전혀 없다. 오히려 그 바람에 학생과 학부모들이 고통을 받지만, 뭔가 행동을 보여달라는 수요와 이에 부응하는 공급의 사이클은 그칠 줄 모르고 계속되고 있다.

반세기 넘는 긴 세월 동안 역사적으로 누적된 구조적 모순을 일시에 바꿀 수 있는 정책이 가능할까? 살인적인 입시 전쟁은 학력·학벌 간 임금 격차가 근본 원인인데, 이건 교육정책으로 해소할 수 있는 문제가 아니다. 한 정권의 임기 내에 해결할 수 있는 문제도 아니다. 그런 사정을 국민들에게 솔직하게 밝히면서 점진적인 변화의 청사진을 보여주고 국민의 이해와 협조를 구해야 함에도 그렇게 하는 정권은 단 한 번도 없었다. 선의로 해석하건대, 행동 편향의 압박 이외에 달리 설명할 길이 없다.

무언가 행동을 보여달라는 요구는 지식인들에게도 적용된다. '행동하는 지성'을 강조하는 지식인들도 있긴 하지만, 지성은 기본적으로 생각과 말의 영역에서 발휘되는 것이지 행동과는 거리가 있다. 반지성주의는 바로 이 점에 대한 반감을 토대로 나타난다. 사이버세계에서 좌우를 막론하고 널리 쓰이는 용어가 바로 '입진보'와 '선비질'인데, 상대를 이런 용어로 규정해버리는 순간 소통은 사실상 불가능해진다. 무슨 말을 한다 해도 입만 살아 나불거리는 사람으로 폄하해버리는 상황에서 그 어떤 말이 의미를 가질 수 있겠는가?

이런 행동 편향은 위선에 대한 과도한 혐오를 수반한다. 공적 영역에선 위선이 필요악必要惡인 경우가 많기 때문에 문명사회일수록 위선이 발달하게 되어 있다. 그럼에도 위선에 대한 혐오가 지나친 나머지 나타나는, "행동하지 않으려면 입 닥쳐"라는 식의 '반反위선 근본주의'는 민주

주의 발전에 결코 이롭지 않다.[51]

입진보는 처음엔 일베 등의 극우파가 진보 지식인들을 비난하기 위해 많이 사용했지만, 최근엔 진보 진영 내에서 생각이 다른 진보 지식인들을 비난하는 데에도 활용되고 있다. 예컨대, 다음과 같은 식으로 말이다. "지난 9년 이명박근혜 정부를 겪어보니 입진보들 당신들의 무책임한 지도질보다 현실적으로 강력하게 이 정부를 지켜주는 것이 대한민국 국민들의 생존 방식이란 걸 알고서나 살길 바랍니다. 그 와중에 분란질 해서 정부와 국민을 힘들게나 하지 말아요. 어차피 가르치려 드는 입진보 니들한테 코치질 받을 국민들이 이젠 아닙니다."[52]

이렇듯 스스로 '어용 시민'을 자처하고 나선 이들은 진보 언론마저 '어용'이 될 것을 요구한다. 이들은 자신들이 요구하는 수준에 미치지 못한다는 이유로 진보 언론을 '한경오'로 싸잡아 비난한다. '입진보들'에 대한 비판에 충분히 타당한 근거가 있다 하더라도, 이런 비판은 비판자들의 오류 가능성과 오류에 대한 교정 가능성을 원천봉쇄한다는 점에서 오히려 역효과를 낼 가능성이 높다.

가용성 편향과 반지성주의

'가용성 편향availability bias'은 어떤 문제나 이슈에 직면해 무언가를 찾아서 알아보려고 하기보다는 당장 머릿속에 잘 떠오르는 것에 의존하거나 그걸 중요하다고 생각하는 경향을 말한다. 즉, 자신의 경험 혹은 자주 들어서 익숙하고 쉽게 떠올릴 수 있는 것들을 가지고 세계에 대한 이미지를 만드는 것이다.[53]

가용성 편향에 빠지지 않기 위해서는 자신과 다르게 생각하는 사람들, 전혀 다른 경험을 가진 사람들과 함께하는 것이 필요하지만, 디지털 시대는 오히려 동질적인 사람들끼리만 어울리는 사이버 환경을 조성함으로써 가용성 편향을 키우는 결과를 초래했다. 게다가 그런 공간은 앞서 우치다 다쓰루가 지적한 '외곬의 지적 정열'을 가진 사람들이 같은 정열을 기반으로 많이 모이는 곳이므로 '지금, 여기, 눈앞에 있는 상대'를 지식과 정보와 추론의 선명함으로 '압도'하는 일에 열중하는 반지성주의 성향을 보이기 마련이다.

반지성주의는 흔히 오해하는 것처럼 지성의 유무나 정도와 관련된 개념이 아니라 지성의 작용 방식을 가리키는 개념이다. 반지성주의의 지성 작용 방식에서 가장 중요한 것은 '팩트'에 대한 집착이다. 팩트를 중시하기 때문에 반지성주의와는 거리가 멀다는 오해는 팩트와 프로파간다의 관계에 대한 오해와 매우 비슷하다. 오랫동안 프로파간다는 음모와 거짓을 연상하는 개념으로 통용되어왔지만, 팩트는 프로파간다의 필수 요소다. 교육 수준이 높아진 현대인이 팩트와의 관련을 요구함에 따라 순전히 감정적인 프로파간다는 설득에서 명백한 한계가 있으며, 프로파간다는 적어도 팩트에 관한 한 이제 거짓말을 하지 않는다.[54] 프로파간다에서 중요한 고려 사항은 팩트가 객관적 상황을 정확하게 묘사하느냐가 아니라 팩트가 진실인 것처럼 들리느냐 하는 것이다. 크리스토퍼 래시가 잘 지적했듯이, "프로파간다를 하는 사람은 전체의 잘못된 모습을 끌어내기 위해 정확하지만 미세한 사실들을 사용함으로써 진실을 허위의 주요 형태로 만드는 것이다".[55]

반지성주의의 팩트 집착은 그간 '팩트 물신주의fetishism

of facts'라는 이름으로 불려왔다. 팩트 물신주의란 자질구레한 사실에 과도한 의미를 부여하고 압도되어 큰 그림을 보지 못하는 걸 의미한다. 팩트 물신주의는 자신의 경험 중심의 관찰에 절대적 의미를 부여하기 때문에 관찰자가 주로 어떤 환경에서 활동하느냐가 매우 중요한 의미를 갖는다.[56] 바로 여기서 가용성 편향이 문제가 된다. 가용성 편향으로 인해 선별되고 오염된 팩트는 자신의 가용성을 넘어서는 세계의 다른 팩트들이나 단순명료한 팩트로 제시하기 어려운 추상적인 구조와 역사의 문제를 원초적으로 배제하기 때문에 소통을 불능 상태에 빠트린다.

이런 문제는 페미니즘 논쟁에서도 잘 드러난다. 일부 남성 중심적 온라인 커뮤니티는 예의를 갖춘 자세로 팩트를 제시하고 근거를 링크하고 그래프를 그려가며 자신의 주장들을 증명하기도 한다. 문제는 이들이 제시하는 정교한 팩트 역시 자신들의 경험 세계에만 갇혀 있다는 점이다. 김수아는 그들은 남성 약자의 존재를 정당화하기 위해서 집요하게 '지금, 여기, 나', 즉 20대 남성에 집중한다고 말한다. 자신들의 평균 임금과 20대 여성의 평균 임금을 비교하며, 과거의 차별은 현재에서 다루어져서는 안 된다고 주장하는 등 다른 경험을 받아들이지 않으려는 경직성에 의한 논리 구조를 고수하기 때문에 반지성주의의 혐의가 짙다는 것이다.[57]

이렇듯 팩트 물신주의 앞에서 '역사'니 '구조'니 하는 건 설 자리가 없다. 어떤 사건에 대해 총체적으로 평가하기 위해선 그 시점에서 있는 그대로의 팩트를 중시하는 평면적 평가와 더불어 그 사건의 발생 이유와 관련된 역사와 구조를 중시하는 입체적 평가가 동시에 이루어져야 한다. 그런데 팩트 물신주의는 "왜?"를 소거함으로써 "왜?"를 중시하는 사람과의 소통을 단절시킨다.

그렇긴 한데, 이런 시각은 개인의 일상적 삶과는 괴리가 있다는 한계를 안고 있다. 예컨대, 페미니스트 나임윤경은 한국의 고위직 여성 비율이 낮은 걸 가리켜 "후진적이고 절망스러운 상황"이라고 했는데,[58] 이런 주장은 세대 간 차이를 고려하지 않았다는 점에서 남성 2030세대를 설득하지 못할 뿐만 아니라 반감을 불러일으킨다. 그들은 다음과 같이 항변할 것이라는 점을 염두에 둔 소통법을 고민

할 필요가 있다는 것이다.

"기업 대표, 장관, 국회의원 등의 숫자에서 여자보다 남자가 많다고요? 그런데요? 그게 우리하고 무슨 상관이죠? 우리는 이십대 여자와 비교를 해주세요. 왜 우리의 정체성을 뭉뚱그려 오륙십대 남자들과 같은 것처럼 말하는 거죠? 2021년 MBC 문화방송 기자 채용 남자 대 여자 성비를 확인해보세요. 2021년 교원 임용고시 남자 대 여자 성비를 확인해보세요. 2021년 판사 신규 임용 남자 대 여자 성비를 확인해보세요. 여기서 약자는 이십대 여자가 아니에요. 바로 이십대 남자죠."[59]

나임윤경이 말하는 '후진적이고 절망스러운 상황'은 전체 여성의 관점에서 본 이야기이지, 자신의 이야기는 아니다. 반면 2030세대는 자신들의 이야기를 하고 있다. 여기에서부터 소통이 어긋나기 시작한다. 페미니스트들의 이런 '정체성 정치' 위주의 집단주의적 접근 방법이 2030세대의 반페미니즘 정서를 키웠다는 점을 감안하자면, 반지성주의 논의도 어떤 관점을 취하느냐에 따라 크게 달라질 수 있는 것임을 유념하는 게 좋겠다.

확증 편향과 반지성주의

자신의 경험 세계에만 갇혀 있고 비슷한 경험 세계를 가진 사람들과만 교류하는 사람들은 그 세계에서 통용되는 문법에 근거해 "나는 이미 모든 것을 알고 있다"는 태도를 갖는 경향이 있다. 이들은 지식을 이미 정해진 틀에 따라 생산된 양의 문제로 생각하는 자세와 더불어 그 연장선상에서 팩트에 집착하는 모습을 보인다. 이미 모든 것을 알고 있다고 믿는 사람들에게 반성적 성찰은 무의미하거나 불가능하며, 이게 바로 반지성주의를 구성하는 주요 요소가 된다.[60] 자신이 모든 것을 다 알고 있으며, 그 앎이 옳다고 믿는 확신은 '확증 편향confirmation bias'의 과정을 거치며 더욱 공고해진다. 확증 편향은 자신의 신념과 일치하는 정보는 받아들이고 신념과 일치하지 않는 정보는 무시하는 경향으로, 현실 세계에서 정보와 증거가 복잡하고 불분명한 가운데 자기 신념에 맞는 정보를 찾는 건 쉬운 일이라는 전제에서 출발한다.[61]

그 어떤 사람도 확증 편향에서 자유로울 수는 없기

때문에 이런 편향을 드러내는 걸 곧장 반지성주의로 단정지을 수는 없는 일이다. 하지만 합리적 반론에 대해서도 계속 확증 편향으로 대응한다면, 이건 반지성주의의 소지가 있다고 볼 수 있다. 이런 확증 편향의 가장 큰 문제는 자신의 확증을 뒷받침하기 위한 정보를 모으면서도 자신이 정보를 조작하고 있다는 사실을 깨닫지 못한다는 점이다. 이런 경향은 종교, 정치, 페미니즘 등 감정의 지배를 많이 받는 영역에서 더 강하게 나타난다. 또 사람들이 어떤 특정한 방향을 믿으려는 모종의 강력한 동기를 갖고 있을 때나 어떤 특정한 대상에 이미 많은 시간이나 노력을 쏟아부어 그걸 헛되게 하지 않으려는 '매몰 비용 효과sunk cost effect'가 나타날 때에 더 강해진다.[62]

바로 그런 이유 때문에 보통 사람들보다는 전문가들이 확증 편향의 포로가 되기 쉽다. 어떤 사안에 대한 이해관계와 매몰 비용 효과에 더 취약하기 때문이다. 학자들도 다르지 않다. 학자들이 자신의 가설을 반증하는 증거를 찾는다면 더 많은 것을 알 수 있겠지만, 그들이 더 많은 것을 알기 위해 연구를 하는 건 아니다. 우선 당장 논문 실적을 올리기 위해서라도 자신의 가설을 확증해줄 정보만을 찾기에 바쁘다. 이 글 역시 그럼 혐의에서 자유로울 수 없음은 물론이다. 문제는 반론에 대응하는 자기 성찰성과 소통 가능성이다. 이 점에서 전문가와 지식인은 익명의 네티즌과 구별된다. 전문가와 지식인은 동료 집단의 평가를 중시하므로 확증 편향에 대한 교정이 비교적 가능한 반면, 동질적인 집단의 형식으로 존재하는 익명의 네티즌은 '책임 분산'으로 인해 교정은 매우 어렵다.

그런 반지성주의 성향이 농후한 사람이 논증에 대응하는 방식은 주로 '사람에 대한 논증ad hominem'이다. 이는 어떤 주장에 대해 '주장'이 아니라 그 주장을 한 '사람'을 문제 삼아 논박하는 오류인데, 이 오류는 주로 인신공격의 형식으로 이루어진다. '입진보'나 '선비질'이라는 공격도 바로 그런 유형에 속하지만, 가장 많이 쓰이는 수법은 상대의 이념적·정치적 성향이나 해당 사안과 무관한 과거의 일을 들춰내면서 공격하는 것이다. 물론 이런 공격엔 심한 과장과 왜곡이 수반되며, 때로는 사실과 전혀 다른 정보가 동원되기도 한다. 논쟁적 성격이 있는 정치적 글에 대한 댓글을 살펴보면 대부분의 반론이 '인신공격적 대인논증ad hominem abusive'으로 일관하고 있다는 쉽게 알 수 있다. 그런데 정작 문제는 '사람에 대한 논증'이 모두 오류인 건 아니라는 데에 있다. 문화권에 따라 일상적 소통에서 '사람에 대한 논증'을 중시하기도 하며 한국은 바로 그런 문화권에 속한다. 평소 신뢰받지 못한 사람이라도 어떨 때에 옳은 주장을 할 수 있지만, 사람들은 평소 보아온 그 사람의 됨됨이로 그 주장을 평가하려는 경향이 있다. 이걸 비논리적이라고 비판할 수는 있겠지만, 현실 세계에선 큰 설득력을 갖기 어려운 게 현실이다.

부정성 편향과 반지성주의

어떤 사람이 어떤 사안에 대해 신앙적 확신을 갖고 있고 성찰 불능 상태에 빠져 있다 해도 그걸 가리켜 곧장 반지성주의라고 볼 수는 없다. '적대적 표현' 등과 같은 부정적 형식으로 표출될 때에 비로소 반지성주의의 범주에 들어가

게 된다. 바로 여기서 '부정성 편향negativity bias'의 문제가 대두되는데, 이는 사람이나 사안을 평가할 때 긍정적 정보보다 부정적 정보에 더 큰 비중을 둬서 정보를 처리하는 현상으로, 부정적인 것이 긍정직인 것에 비해 사람들의 관심을 끄는 유인 효과가 크다는 것을 뜻하는 개념이다. 그래서 긍정적인 뉴스보다는 부정적인 뉴스가 잘 팔리고, 긍정적인 소문보다는 부정적인 소문이 잘 퍼져 나간다. 달리 말하자면, "나쁜 것은 좋은 것보다 더 강하다"는 것이다.[63] 이는 온라인 담론 시장에서 부정성이 강한 반지성주의적 표현이 흘러넘치는 주요 이유가 된다.

정치는 물론 저널리즘도 이런 부정성 편향의 굴레에서 자유롭지 못하다. 많은 연구 결과에 따르면, 오늘날 대중은 마음의 평정이나마 얻기 위해 자신의 관점을 강화하는, 즉 반대편을 부정적으로 묘사하는 뉴스만 선별해 보고 있으며, 정치인이나 지식인들도 자신의 색깔과 같은 매체에만 출연하는 양극화 현상을 보이고 있다. 중도를 자처하는 사람이 다수일지라도, 이들의 목소리가 규합되거나 반영되지 않은 채 정치가 극단적 당파 싸움으로 흐르면서 모든 대중의 의식과 삶에 지대한 부정적 영향을 미치고 있다. 정치, 저널리즘, 온라인 공간의 영역에서 '우리 대 그들Us Against Them'이라고 하는 구도가 모든 의식과 행동 양식을 지배하는 상황에선 이성적 사고는 기대하기 어렵다.[64]

'정치화된politicized' 대중은 그들이 두려워하거나 혐오하는 사람과 집단에 대한 반대를 통해 자신의 정체성을 확보하려는 경향이 강하다. 이른바 '적 만들기enemy-making'가 정치 마케팅의 주요 메뉴가 되는 이유다.[65] 우리는 입으로는 편향적인 보도나 주장을 싫어한다고 말하지만 실제 행동은 말과 다르다. 편향성이 강한 언론 매체, 블로그, 웹사이트들이 시장에서 큰 성공을 거두고 있는 것이 그 좋은 증거다. 비슷한 견해를 지닌 사람들은 비슷한 견해를 가진 다른 사람들의 주장, 그것도 카타르시스 효과를 느낄 수 있을 만큼 부정성이 두드러진 주장을 보고 싶어 하기 때문에, 비키 쿤켈의 말을 빌리자면, "편향성은 이익이 되는 장사다".[66] 미국의 주요 매체 가운데 반지성주의 성향이 가장 농후한 것으로 알려진 『폭스뉴스』가 높은 시청률로 경제적 성공을 거둔 건 물론이고 전체 미국인을 대상으로

한 조사에서 가장 신뢰도가 높은 뉴스 채널로 평가를 받은 것은 부정성 편향의 가공할 효과 이외에 달리 설명할 길이 없다.

한국에서도 부정성 편향에 영합하기 위한 '적 만들기'는 댓글 세계의 주요 메뉴인데, 마음에 들지 않는 주장을 비난하기 위해 적이 아닌 사람들마저 적으로 모는 게 거의 관행화되다시피 했다. 특히 유튜브 방송이 반지성주의는 말할 것도 없고 가짜뉴스의 온상으로 지목되면서 많은 전문가는 기존 언론의 역할을 강조하고 있다. 하지만 언론인이 '기레기'라는 모멸적인 언어로 불릴 정도로 언론에 대한 신뢰도가 낮은 상황에선 부정성 편향을 극대화시키는 반지성주의의 흐름은 막아내기 어려운 것으로 보인다.

이야기 편향과 반지성주의

우리 인간은 이야기 없인 살 수 없는 '호모 픽투스Homo fictus', 즉 '이야기하는 인간'이다. 우리 인간의 뇌가 이야기를 좋아하는 것은 타고난 특질이다. 중요한 사실에 대한 기억은 이야기의 형태로 뇌에 저장되기 때문에 이야기는 지식의 축적에 핵심적인 역할을 해왔다. 이야기는 추상적인 개념에서 찾아볼 수 없는 맥락을 제공하기 때문에, 즉 지식을 일상적인 삶에 가까운 형태로 만들어 보여주기 때문에 강력한 힘을 발휘한다.[67] 이야기는 단순하며 단순해야만 한다. 심리학자들의 다양한 연구 결과에 따르면, 사람들은 복잡한 설명과 단순한 설명 중에서 단순한 설명이 더 참일 것 같다고 평가하는 경향이 있다.[68]

이야기의 힘을 말해주는 최고의 증거는 많은 심리학자가 이른바 '이야기 편향story bias'의 위험을 경고하는 데에서 잘 나타난다. 이야기 편향은 이야기가 진실보다 더 큰힘을 발휘하는 현상을 뜻한다. 사람들은 추상적인 사실들에 대해서는 거부감을 느끼지만 이야기에는 본능적으로 끌리게 되며, 매력적인 이야기는 인간의 행동과 의도를 단순하고 정합적으로 설명함으로써 '불가피성의 착각'을 불러일으킨다.[69] 마이클 모부신은 "이야기에 열광하는 사람은 실패한다"고 단언하는데,[70] 뒤집어 생각하면 열광적인 이야기를 잘 만들어내는 사람은 성공한다고 볼 수 있다. 이런 성공의 대표적 사례가 앞서 거론한 『폭스뉴스』다. 『폭스뉴스』의 성공 비결 중 하나는 '이야기 만들기'였다. 『폭스뉴스』는 이야기를 뉴스에 맞추는 것이 아니라, 뉴스를 이야기에 맞게 조정하는 방식으로 시청자들이 빠져들 만한 이야기 개발에 열중했다. 2011년 미국 메릴랜드대학 연구팀의 조사에 따르면 『폭스뉴스』 시청자들은 시사 이슈에 대해 잘못 알고 있는 비율이 다른 채널 시청자에 비해 12퍼센트포인트 높았으며, 이런 '무지'는 『폭스뉴스』를 더 오래 볼수록 심각한 것으로 나타났다.[71]

음모론이 바람직하지 않은 것으로 여겨짐에도 끈질긴 생명력을 자랑하는 것도 수용자를 매료시키는 뛰어난 이야기로 구성되어 있기 때문이다. "한국은 음모론의 나라"라는 진단이 나올 정도로 음모론은 공론장에 자주 등장하는데,[72] 음모론은 신앙적 확신과 성찰 불능의 상태에서 제기되며, 자주 적대적 표현을 수반한다는 점에서 반지성주의의 주요 수단이자 온상이 되고 있다. 음모론은 엘리트 계급의 '조직화된 무책임성'에 분노하는 사람들의 목소리로, 인지적 혼돈 해결, 감정적 상처 치유, 도덕적 자긍심의 복원, 희망 제시, 질문 기능으로 민주주의에 기여한다는 나름의 순기능을 갖고 있다.[73] 하지만 그런 순기능을 압도하는 역기능이 있기에 자주 사회문제로 비화된다.

음모론자들은 음모의 주제에 대해 필사적인 노력으로 수집한 팩트들로 무장하고 있기 때문에 자신의 반지성주의 가능성을 의심하지 않는다. 하지만 김종영은 그런 팩트들은 아도르노가 말한 '통찰 없는 박식함'에 지나지 않는다고 말한다. 많은 사실을 알고 있긴 하지만 종합적인 판단력과 이해력, 현상에 대한 지적 통찰이 부족한 상태라는 것이다.[74] 강한 이념성이나 당파성에서 출발한 음모론은 반드시 '진실'이어야 한다는 당위성마저 수반하기 때문에 그 어떤 반대 증거들이 나타난다 해도 교정이 사실상 불가능하다. 그로 인해 나타나는 게 '내집단 편애in-group favoritism'와 결합한 '음모론의 일상화'다.

'사회정체성 이론social identity theory'에 관한 많은 연구가 밝혀주듯이, 긍정적인 자기상을 자신이 속한 집단을 통해 찾으려는 사람들은 소속집단에 대한 우월한 평가를 얻기 위해 수단과 방법을 가리지 않는 경향이 있는데,[75] 이 과정에서 반지성주의가 나타난다. 예컨대, 선거나 여론조사 결과가 '우리 편'에 유리하게 나오면 그건 '국민의 위대한 선택'이지만, 불리하게 나오면 그건 '반대파의 공작과 음모' 탓으로 돌려진다. 인터넷 댓글 세계엔 그런 '진영 논리'가 흘러넘친다. 누가 어떤 주제에 대해 쓴 글을 평가하는 유일한 기준은 '우리 편'에 유리한지 불리한지의 문제다. 불리한 주장이라고 판단하면 필자의 의도까지 추정하고 해석하면서 앞서 지적한 '사람에 대한 논증'에 의거해 비판하거나 비난하는 일이 다반사로 일어난다.

수사학이 인식론을 압도하는 민주주의의 위험

나는 최근 널리 쓰이고 있는 '반지성주의'라는 개념의 정체가 매우 불투명해 적잖은 혼란을 낳고 있는 현실에 대한 문제의식에서 출발했다. 우선 반지성주의를 이념의 좌우를 막론하고 적용하는 가치중립적 개념이자 특정 언행을 중심으로 적용하는 미시적 개념으로 쓸 것을 제안했다. 이는 반지성주의 비판이 "자칫 엘리트주의적, 지성 중심주의적 요소를 내세워 대중의 자율적 판단력에 회의를 표현하는 방식으로 흘러갈 수 있다"는 우려를 불식시키기 위해서도 필요하다고 생각한다.

나는 그런 두 가지 전제와 더불어 반지성주의를 "이성적·합리적 소통을 수용하지 않는 정신 상태나 태도"로 정의하면서 그 3대 요소로 신앙적 확신, 성찰 불능, 적대적 표현을 제시했다. 또한 반지성주의의 사회적 배경으로 평등주의, 물질주의, 지성의 자기소외를 지적하는 동시에 개인의 차원에서 5개의 인지적 편향이 소통의 과정에서 반지성주의를 유발하거나 촉진한다고 주장했다. 그 5개의 인지적 편향은 ① 행동 편향, ② 가용성 편향, ③ 확증 편향, ④ 부정성 편향, ⑤ 이야기 편향이다.

행동 편향은 생각이나 말보다는 행동을 예찬하는 사회문화적 풍토에서 생성·강화되는 것으로, 사회적 갈등이 고조되는 상황에서 더욱 강하게 나타난다. 지성은 기본적으로 생각과 말의 영역에서 발휘되는 것이지 행동과는 거리가 있기 때문에 반지성주의는 바로 이 점에 대한 반감을 토대로 나타난다.

가용성 편향은 어떤 문제나 이슈에 직면해 자신의 경험 세계에 모든 준거점을 두고 그 세계에 국한된 팩트를 '외곬의 지적 정열'로 제시하는 논증 형태로 나타난다. 이는 사이버세계가 동질적인 사람들이 모여 배타적인 집단을 구성하는 걸 용이하게 함으로써 집단 밖의 개인이나 집단과 소통하는 걸 어렵게 만든다.

확증 편향은 비슷한 경험 세계를 가진 사람들과만 교류하는 사람들이 자신의 신념과 일치하는 정보는 받아들이고 신념과 일치하지 않는 정보는 무시하거나 '사람에 대한 논증'으로 대응하는 형식으로 나타난다. 인터넷 유행어인 '답정너(답은 정해져 있고 너는 대답만 하면 돼)'는 확증 편향의 일상화를 시사해준다.

부정성 편향은 "나쁜 것은 좋은 것보다 더 강하다"와 "편향성은 이익이 되는 장사다"는 말로 대변되는 담론 시장의 원리에 따라 쌍방적이어야 할 소통을 일방적인 '적 만들기'로 대체하는 형식으로 나타난다. 이는 자신이 두려워하거나 혐오하는 사람과 집단에 대한 반대를 통해 자신의 정체성을 확보하려는 '정치화된' 대중의 수요에 부응한다.

이야기 편향은 이야기가 진실보다 더 큰 힘을 발휘하는 것으로, 음모론이 매력적인 이야기의 형식을 통해 설득력을 확보하는 현상을 설명해준다. 진영 논리와 결합된 음모론은 '내집단 편애'를 기반으로 논증을 '우리 편'에 유리한지 불리한지의 문제로 환원시킴으로써 소통에 큰 장애가 된다.

이런 인지적 편향은 대중이 공유하고 있는 것이므로, 반지성주의가 문화적 환경과 소통의 조건에 따라 조성되기도 한다는 것을 말해준다. 또한 반지성주의가 설득 커뮤니케이션의 관점에서 대중의 폭넓은 지지를 받는 이유를 설명해준다. 대니얼 부어스틴이 잘 지적했듯이, 민주주의의 한 가지 위험은 수사학이 인식론을 대체하거나 압도하는 것이다.[76]

즉, 설득의 문제가 지식의 문제를 압도하는 건 위험함에도 민주사회는 무엇이 진실인가 하는 것보다는 사람들이 무엇을 믿으며 얼마나 큰 호응을 보내주느냐에 더 큰 관심을 갖는 경향이 있다. 이게 반지성주의의 토양이 되므로, 반지성주의는 사회 전반의 소통의 질을 보여주는 리트머스 시험지로서 그 의미를 갖는다. 반지성주의는 사회 전반에 대한 불신과 무관하지 않으며, 특히 지성을 대변하는 것으로 여겨지는 지식인과 전문가 집단에 대한 불신을 온상으로 삼아 번성한다. 반지성주의를 언급하는 것에 대한 강한 반감도 그런 맥락에서 이해할 수 있다.

반지성주의는 나의 힘

지식인과 전문가 집단에 대한 불신에 타당한 근거가 있다고 해서 그것이 곧장 반지성주의를 정당화하는 건 아니다. 그건 그들이 대중의 불신을 받을 수밖에 없었던 역사적 배경과 이유를 방패로 삼을 수 없는 것과 같다. 대중의 불신을 넘어서기 위한 지성 집단의 성찰과 노력이 필요하다는 건 두말할 나위가 없지만, 미시적인 개인과 소집단의 소통에서 그런 거시적인 배경과 이유를 반지성주의의 면죄부로 삼는 건 똑같은 과오를 반복하는 게 아니고 무엇이겠는가? 우리에겐 사회 구성원으로서 원활한 소통을 해야 할 권리와 의무가 있다. 반지성주의에 대한 논의가 그런 당위를 환기시키고 실천하는 데에 기여할 수 있기를 바란다.

지식인과 전문가 집단도 생각해볼 점은 있다. 우리는 이상주의와 현실주의라는 말을 쓸 때에 목적론과 방법론을 구분하지 않는 경향이 있지만, 둘 사이의 균형을 취하는 방법론적 현실주의도 얼마든지 가능하다.[77] 소통은 이성의 문제인 동시에 감성의 문제이기에, 그 실천을 추진할 수 있는 심리적 동력은 기존의 과도한 '이성 중심주의'에서 탈피해 사회문화적 가치를 중시하는 '이성과 감성의 균형'을 이루는 것에서 찾을 수 있다.[78] 이는 반지성주의적 행태를 '반지성주의'라고 지적하거나 비판하는 걸 넘어서 한 걸음 더 들어간 분석과 대안 모색을 해야 한다는 걸 의미하는 것이다.

반지성주의의 주요 표출 공간인 인터넷과 소셜미디어는 사회적 차원에서 기술결정론적 방치의 상태에 놓여 있다. IT 기업들은 사용자의 중독성을 높이기 위한 알고리즘 개발과 조작에 심혈을 기울이고 있으며, 반지성주의는 사실상 그런 상술의 도구로 이용되고 있다. 그럼에도 우리는 그런 알고리즘의 문제에 무관심한 채로 사회현상을 디지털 시대 이전의 사고방식으로만 다루는 경향이 있다.

오늘날 디지털 혁명은 280년 전의 신앙부흥 운동과 비슷한 일을 전 세계적으로 일어나게 만들었다. 소셜미디어와 유튜브가 공론장을 같은 편끼리만 모이는 곳으로 재편성한 가운데, 이른바 '집단 사고', '필터 버블', '반향실 효과' 등과 같은 현상이 대중의 일상적 삶을 지배하게 되면서 증오와 혐오를 발산할 수 있는 더 많은 기회와 더 화끈한 콘텐츠를 제공해달라는 수요가 폭증했다. 미국 정치학자 톰 니콜스는 디지털 혁명이 '전문가의 죽음'을 초래했다고 개탄했지만,[79] 꼭 그렇게만 볼 일은 아니다.

전문가와 지식인은 디지털 혁명이 촉진한 부족주의적 편 가르기에 흡수되었다. 무슨 말을 하건, 반대편 전문가와 지식인만 매도의 대상일 뿐 우리 편 전문가와 지식인은 추앙의 대상이다. 반대편에 대한 증오와 혐오를 발산하는 능력이 뛰어난 우리 편 논객들에겐 무한대의 '궤변 면

책특권'이 주어졌으며, 그들은 같은 부족 진영 내에서 부족
원들의 사랑과 존경까지 누리는 정신적 지도자의 반열에
까지 오르게 되었다. 이에 따라 "반지성주의는 나의 힘"이
라고 믿는 사람이 많아졌다. 이로써 반지성주의는 편 가르
기와 동의어가 되었다.

편 가르기가 아무리 유치하고 치졸해도 사람들이 그
것에 빠져드는 것은 그런 문제를 상쇄하고도 남을 이익을
가져다주기 때문이다. 이게 바로 대중이 반지성주의에 매
료되는 결정적인 이유이지만, 그 매료의 정체는 아리송하
다. 강요당하는 것과의 경계가 불분명하기 때문이다. 생각
해보라. 자신을 지지해주는 패거리 없이 이 험난한 세상을
살아가긴 어려운 법이다. 아니 외롭지 않기 위해서라도 반
드시 어느 편에건 속해야만 한다. 그리고 내 패거리의 이익
을 위해 미쳐 돌아가야만 한다. 그러면서 동시에 반지성주
의를 비난해야 한다. 이게 도대체 뭐하는 짓이냐고 묻지 마
라. 그것이 바로 우리의 삶이고 인생이다.

제2장

탁현민이 연출한
문재인의
'이미지 정치'

현대 정치는 이미지 정치다

"속이고자 하는 군주는 항상 속고자 하는 사람들을 발견하기 마련이다.……모든 사람들이 당신의 겉모습을 보지만 당신이 정말로 어떤 사람인지를 아는 사람은 소수에 불과하다."[1] 이탈리아 사상가 마키아벨리의 말이다. 그는 이런 말도 했다. "군중은 늘 겉으로 보이는 것에 사로잡히고, 이 세상에 있는 건 오직 군중뿐이다."[2]

500여 년 전에 나온 이 말을 믿어도 되는가? 여전히 그의 『군주론』(1513)이 읽히고 거론되는 걸 보면 옛날이야기라고 일축할 건 아니다. 인간의 속성에 관한 한 500여 년 전이나 지금이나 달라진 게 거의 없기 때문이다. 게다가 그간 달라진 정치의 기술적 측면, 즉 '미디어 정치'로 인한 '이미지 정치'의 심화를 감안한다면 오히려 오늘날에 더 들어맞는 말이라고 볼 수 있다.

그러나 후세의 정치학자들은 마키아벨리의 권모술수에만 주목했을 뿐, '이미지 정치'는 사실상 외면했다. 이에 이의를 제기하고 나선 이가 미국 정치학자 머리 에델먼이다. 그는 1964년에 출간한『정치의 상징적 이용The Symbolic Uses of Politics』에서 '정치=상징'의 등식을 제시하면서 전통적인 민주주의 개념에 집착하고 있는 현대 정치학의 패러다임을 바꾸어야 한다고 주장했다.

미디어가 정치에 미치는 영향이 커짐에 따라 정치에 대한 해럴드 라스웰의 고전적 정의는 이제 폐기 처분되어야 한다. "누가 무엇을 왜 어떻게 언제 어디서 얻는가?"라는 라스웰의 모델은 현대 정치를 결코 설명할 수 없다. 합리적 존재로서의 인간관과 대중의 참여를 전제로 하여 쓰인 현대의 정치학 교과서도 전면 개정되어야 마땅하다.

이런 주장을 한 에델먼에 따르면 현대 정치는 이미지 정치다. 이미지 정치는 인간의 생물학적인 지각 능력의 한계, 미디어를 통한 국민의 정치 이해, 실체보다는 외관을 강조하는 미디어의 속성이라는 세 가지 명제에 근거하고 있다. 에델먼은 라스웰의 전통적인 정치학 모델로는 영상 미디어를 중심으로 한 현대의 이미지 정치를 전혀 설명할 수 없음에도 대부분의 정치학자가 여전히 상징, 기호, 이미지 조작을 무시한 채 정치 행위의 '하드웨어'에만 집착하고 있다고 비판했다. 라스웰 자신도 에델먼의 책에 대한 서평을 통해 에델먼의 주장이 '정치학의 지도를 변화시킨' 점을 인정했다.[3]

"정치는 쇼 비즈니스와 같다"

사실 전 대통령 문재인의 임기 말 높은 지지율은 기존 정치 이론으로는 설명이 쉽지 않지만, '이미지 정치'의 관점에서 보면 쉽게 풀린다. 지도자에 대한 이미지 중심으로 정치

를 이해하는 이미지 사고의 특징은 '모순에 대한 무관심'
이다. 선악 이분법에 사로잡힌 골수 지지자도 아니면서 그
의 지지율을 떠받쳐주는 사람들에게 문재인의 실정과 아
집을 아무리 설명하고 증거를 제시해도 소용없다. 그들은
이미지로 문재인을 판단하기 때문이다.

　여기서 한 가지 분명히 해두자. '이미지 정치' 자체를
부정하거나 비난하는 건 비현실적이다. 보통 사람들 역시
일상적 삶에서 이미지 중심으로 소통을 하면서 정치인들
에게만 이미지 소통을 하지 말라는 건 말이 안 된다. 미국
제40대 대통령 로널드 레이건은 "정치는 쇼 비즈니스와
같다"고 말한 바 있다.[4] 재임 시 높은 인기를 누린 레이건은
자신의 인기가 할리우드 시절에 터득한 연기력에 힘입은
바 크다는 점을 다음과 같이 인정하기도 했다.

　"쇼 비즈니스의 근본은 커뮤니케이션이다. 할리우드
에는 한 가지 법칙이 있는데 그것은 카메라에 의해 클로즈
업된 상태에서는 대사를 실제로 믿는 그러한 마음으로 연
기를 해야 한다는 것이다. 나 자신이 믿지도 않는 말을 연
기라는 걸 의식하고 이야기한다면 영화 관객들 또한 실감

나게 믿지 않을 것이다."[5]

어쩌겠는가? 쇼 비즈니스도 피할 수 없는 정치의 한 속성인 만큼 그걸 감수해야지. 어느 정도가 적정 수준인지 판단하긴 어렵지만, 본말本末의 전도가 이루어질 정도가 아니라면 무방하지 않을까 싶다. 문재인의 경우엔 어떨까? 문재인 정권 5년도 되돌아볼 겸 시간의 흐름 순서대로 문재인 '이미지 정치'의 총 연출자인 의전비서관 탁현민의 활약을 주요 사건 중심으로 살펴보기로 하자.

사실상의 '나꼼수' 멤버로 뛴 '콘서트' 전문가

탁현민을 알기 위해 뒤늦게 그가 쓴 책 3권을 읽었다. 『탁현민의 멘션S』(2012), 『흔들리며 흔들거리며』(2013), 『당신의 서쪽에서』(2014). 필력이 놀라웠다. 대학 내내 신춘문예를 꿈꾸며 시도했던 문학도였다고 한다. 그의 재능을 알아보지 못한 심사위원들이 너무 낡은 꼰대들은 아니었는지 모르겠다. 특히 『흔들리며 흔들거리며』를 읽으면서 너무 재미있어 어찌나 웃어댔던지, 옆에 있던 아내가 이런 말을 했다. "읽고 나서 꼭 그 책 줘."

1973년생인 탁현민은 성공회대학교 사회학과를 졸업하고 동 대학교 문화대학원에서 문화콘텐츠학 석사학위를 받았다. 그는 참여연대 문화사업국 간사(1999~2002), 공익문화기획센터 문화사업팀 팀장(1999~2002), 『오마이뉴스』 문화사업팀 팀장(2002), SBS아카데미 전임강사(2002), 다음기획 뮤직콘텐츠 사업본부 본부장(2002~2007) 등을 역임했다. 첫 직장인 참여연대의 운영 자금을 만드는 작업을 하다가 우연찮게 자우림, 윤도현 밴드, 강산에, 정태춘·박은옥, 들국화, 이은미, 한영애 등 가수들의 콘서트 연출로 유명한 공연 연출 전문가가 되었다.[6]

그가 정치 쪽으로 발을 들여놓지 않았더라면 '한국 대중문화사'나 '한류사'의 한 페이지를 장식할 인물이 되었을지도 모르겠지만, 이제 그에 관한 기록의 의미는 문재인과 한 쌍을 이루는 정치사로 옮겨진 것 같다. 아니 그 이전에 그는 정치 분야에 콘서트 문화를 정착시킨 정치문화사의 한 장면을 남긴 인물이기도 했다.

탁현민은 2009년 6월 성공회대학교에서 열린 '노무현 추모 콘서트'를 기획했고, 이를 눈여겨본 전 청와대 홍보기획비서관 양정철이 그에게 4개월 후에 열린 노무현재단 창립 기념 공연 등의 기획을 맡겼다. 행사가 흥행에 성공하자 문재인 역시 그를 마음에 두기 시작했다고 한다.[7] 탁현민은 2010년 5월 노무현 1주기 추모식을 연출했으며, 2011년 4월에 시작된 팟캐스트 나꼼수 콘서트 기획을 맡음으로써 이후 사실상의 나꼼수 멤버로 활약하게 되었다.

나꼼수의 김어준이 나꼼수 멤버들을 '잡놈'이라고 표현했듯이, 이 시절의 탁현민은 '잡놈' 기질을 유감없이 발휘했다. MBC의 새 방송 심의 규정에 따라 소셜테이너로 활동해온 배우 김여진의 〈손석희의 시선집중〉 출연이 무산되자, 탁현민은 2011년 7월 18일 '문화방송 출연 거부 지식인 명단'을 발표한 뒤 30분간 MBC 여의도 본사 앞에서 '삼보일퍽fuck'을 진행했다. 이는 MBC 앞에서 세 걸음 걷고 한 차례 '팔뚝질'을 하는 삼보일배의 변형된 1인 시위 방식이었다.[8] 이는 "저속함의 극치"라는 비판을 받기도 했지만,[9] 당시 이명박 정권에 대한 반감이나 저항 의식은 바야흐로 '잡놈들의 전성시대'를 열어젖히고 있었다.

탁현민은 2011년 7월 29~30일 『문재인의 운명』의 출간 기념 북 콘서트를 성공적으로 연출하면서 문재인과의 '우정'을 다져나갔다. 9월 30일, 10월 말 열릴 1,400석 규모의 나꼼수 토크 콘서트 티켓 판매 시작 20분 만에 전체 좌석이 매진되자 탁현민은 트위터에서 "지난 10년간 했던 공연 중 가장 빨리 매진된 사례"라며 기뻐했다.[10]

11월 22일 한미 FTA 비준안이 기습 표결 처리되자 탁현민은 다음 날 트위터를 통해 'FTA 매국송 1'을 발표하며 "(매국송을) 지역별 시리즈로 만들 거니까 지역별로 명단 정리 해주시고 민주당 찬성 의원들 명단도 정리해달라"고 글을 남겼다. 그는 이어 "저들은 경찰과 검찰과 국정원과 행정부 전체와 국회까지도 가지고 있는데 지금 우리가 가지고 있는 것은 '나꼼수'밖에 없다"고 주장했다.[11]

11월 25일 탁현민은 트위터를 통해 "11월 30일 저녁 나꼼수 여의도 공연, 5만 명이 모이면 눈물 날 것이고 10만 명이 모이면 바꿀 수 있을 것"이라고 했다.[12] 30일 행사엔 3만여 명이 모인 가운데 공연 모금액이 3억 원을 넘어섰다. 다음 날 탁현민은 "후불제 공연 중 국내 최고의 금액"이라며 "30억, 300억과 맞먹는 기쁨을 함께 누리며 하루 시작하시길 바랍니다"고 밝혔다.[13]

"문재인이 아들처럼 아낀 탁현민"

2012년 대선의 계절을 맞아 문재인의 대선 조직인 담쟁이 포럼에 이름을 올린 탁현민은 선거운동을 토크 콘서트 형식으로 바꾸는 변화를 시도했다. 당내 저항이 만만치 않았다. 그를 문재인과 연결시켜준 양정철은 훗날 출간한 『세상을 바꾸는 언어』(2018)에 이렇게 썼다.

"새로운 시도는 캠프 방침이었음에도 불구하고, 유세를 기획하고 진행한 탁현민 혼자 당 지도부와 국회의원들에게 공공의 적이 됐다. 그때 제대로 변호해주지 못한 것이 지금도 미안하다."[14]

2012년 12월 19일에 치러진 제18대 대선은 박근혜의 승리로 끝났지만, 탁현민과 문재인의 관계까지 끊어진

건 아니었다. 훗날 "문재인이 아들처럼 아낀다"는 말이 나올
정도로 끈끈한 관계를 맺게 될 결정적인 '사건'이 2016년
6월에 일어났다. 히말라야 트레킹이다. 문재인이 양정철과
탁현민을 대동해 6월 13일부터 7월 9일까지 네팔·부탄
트레킹을 다녀온 것이다. 이 여행은 이후 언론이 문재인과
탁현민의 특수한 관계를 거론할 때마다 소환되기도 한다.

문재인이 2017년 5월 9일 제19대 대선에서 승리해
대통령이 되자 탁현민은 청와대 의전비서관실 선임행정
관(2급)이 되었다. 문재인의 이미지 정치는 대통령 취임 이
틀만인 5월 11일에 첫선을 보였다. 문재인, 임종석(비서실
장), 조국(민정수석) 등을 포함한 청와대 참모진들이 와이셔
츠 바람으로 테이크아웃 커피 잔을 들고 청와대 경내를 거
니는 모습이 언론을 장식하면서 "전 정권과는 확실히 다르
다"는 긍정적 평가를 이끌어낸 것이다.

전 민주당 의원 정청래는 자신의 트위터에 이 산책
사진을 게시하면서 '증세 없는 안구 복지!'란 제목을 붙였
다. 청와대 참모진들의 외모가 준수해 이들의 사진을 보면
시민들의 행복지수가 올라간다는 의미였다. 이게 화제가

되면서 '얼굴 패권주의', '외모 패권주의'라는 신조어까지 등장했다. 물론 긍정적 의미였다.[15]

다음 날 문재인은 첫 대외 활동으로 그동안 비정규직 문제가 심각하게 제기되어왔던 인천공항공사를 방문해 '공공부문 비정규직 제로 시대'를 선언했다. 5년 후에 나올 「비정규직 제로 정책, 비정규직 더 늘렸다⋯문 정부서 20% 돌파」, 「공공기관 '무늬만 정규직' 전환⋯10만 명 중 일반 정규직은 14%」, 「비정규직 150만 명 늘어 800만 명 돌파⋯풀타임 일자리는 185만 개 사라져」 등과 같은 기사 제목들이 시사하듯이,[16] 정권 홍보용 쇼에 불과한 행사였다.

하지만 행사 현장에 있던 일부 비정규직 노동자들은 감격의 눈물을 흘렸고, 이 뉴스를 접한 일부 문재인 지지자들도 눈물을 흘렸다. 『오마이뉴스』의 관련 기사에 달린 '베스트 댓글'은 다음과 같이 말했다.

"악조건에서, 불안하게, 근무하던, 1만 명의 직원들이 정규직이 된다? 내가 다 눈물이 나네요. 대통령의 민생 문제 해결의 진정성에, 감동의 눈물을 흘리지 않을 수가 없네요. 더군다나, 정규직화로 인하여, 경비도 3% 정도 절감

된다는데, 어찌하여 이제까지 못했었는지……사랑의 마음
으로 들여다보면, 인천공항처럼, 큰 비용 안 들이고도, 노
동자들의 애로 사항을 해결할 수 있는 길도 많이 있다고 봅
니다. 좋은 소식 계속되기를 빕니다."[17]

세상에 이렇게 훌륭한 대통령이 있다니! 이렇게 생각
한 사람이 많았나 보다. 문재인의 인기는 하늘 높은 줄 모
르고 치솟기 시작했다. 대통령 지지율은 리얼미터의 5월
둘째 주 여론조사에서 74.8퍼센트를 기록했다. 이게 얼마
나 무책임한 '희망고문' 정책이었는지는 나중에 다 드러
나지만, 아직은 문재인의 시간이었다. '공공부문 비정규직
제로 시대' 이벤트보다 훨씬 더 감동적인 이벤트는 며칠
후 광주민주화운동 기념식에 참석해 5·18 유족을 가만히
껴안아주던 모습이었다. 무슨 말이 더 필요하랴. 감동 그
자체였다.

"실세 '왕행정관'이 따로 없다"

탁현민의 존재는 처음엔 전혀 주목을 받지 못하다가 5월 24일 청와대 집무실에 '일자리 현황판'이 설치될 때 기자 눈에 띄어 알려졌다. 언론은 당시 주목을 받은 터치스크린 현황판도 그의 아이디어일 것이라고 짐작했지만, 동시에 그에 대한 검증이 시작되면서 이른바 '남자 마음 설명서 사건'이 터졌다. 탁현민은 2007년에 출간한 이 책에서 자신이 젊은 시절에만 여성 26명과 연애했다는 걸 밝혔는데, 다음과 같은 내용이 문제가 되었다.

"등과 가슴의 차이가 없는 여자가 탱크톱을 입는 것은 남자 입장에선 테러를 당하는 기분이다.""이왕 입은 짧은 옷 안에 뭔가 받쳐 입지 마라.""파인 상의를 입고 허리를 숙일 때 가슴을 가리는 여자는 그러지 않는 편이 좋다." "한 차원 높은 정서적 교감을 방해하니 안전한 콘돔과 열정적인 분위기 중 하나를 선택하라.""콘돔의 사용은 섹스에 대한 진정성을 의심하게 만들기 충분하다.""대중교통 막차 시간 맞추는 여자는 구질구질하다."

논란이 일자 탁현민은 5월 26일 자신의 페이스북에 "제가 썼던 『남자 마음 설명서』의 글로 불편함을 느끼고 상처를 받으신 모든 분들께 죄송한 마음을 표한다"고 사과했지만, 논란은 가라앉지 않았다. 그럼에도 '페미니스트 대통령'을 자처한 문재인은 아무런 말이 없었다. 일부 언론은 앞서 말한 특수 관계를 소환했다. "여행 좋아하는 사람은 금방 안다. 친구도 아닌데 27일간 험지險地 여행을 함께할 정도라면 얼마나 친밀한지를."[18]

이 사건은 고구마 줄기처럼 새로운 사실이 계속 터져 나오면서 7월 들어 더욱 뜨겁게 달아올랐다. 탁현민이 2010년에 출간한 『상상력에 권력을』이라는 책의 '나의 서울 유흥 문화 답사기' 편에서 성매매를 수차례 극찬한 게 문제가 된 것이다.[19] 야 3당 여성 의원들이 사퇴 촉구 공동 회견을 했고 민주당 여성 의원들도 청와대에 "탁 행정관을 경질하라"고 했다. 여성가족부 장관 정현백조차 "청와대에 탁 행정관 해임을 촉구했다"고 밝혔다. 한국여성단체연합 등 여성·시민단체는 7,700여 명의 사퇴 촉구 서명을 받고, 청와대 앞과 광화문에서 시위를 벌였다. 그러나 문재인은 끝내 요지부동이었다.

"우병우를 지키려는 박근혜 청와대를 보는 것 같다"
거나 "실세 '왕王행정관'이 따로 없다"는 말들이 나왔지만,
여권 관계자는 "탁 행정관은 청와대 참모들이 결정할 수준
의 문제가 아니다"고 했다. 문재인과의 특수 관계와 더불
어 문재인의 '이미지 정치' 기획을 총괄하기 때문에 문재
인이 그를 경질할 수 없다는 말도 나왔다.[20] 결국 문재인의
못 말리는 고집이 승리를 거두었지만, 이후 심화되는 문재
인의 '이미지 정치'가 과연 문재인에게 득이 되었을까?

문재인 '팬덤 정치'의 전조 현상

문재인 대통령 취임 100일을 맞아 기자회견을 가진 지 3일
만인 2017년 8월 20일 저녁 청와대는 영빈관에서 그간의
국정 운영 성과를 국민에게 알리겠다는 취지로 '대국민 보
고대회'를 또 열었다. 문재인과 모든 수석비서관급 참모가
참석한 가운데 '토크쇼' 형식으로 진행된 이 행사를 KBS

·MBC·SBS 등 지상파 3사를 비롯해 YTN과 연합뉴스TV는 1시간 동안 생중계했다. 일요일 '프라임타임'인 저녁 8~9시에 말이다. 행사 사회자는 "어디서 질문이 나오고 어디서 답변이 나올지 모르겠다"고 했지만, 방송 시나리오에는 어떤 질문자가 무슨 질문을 하고 누가 어떤 답변을 할지 이미 정해져 있었다.[21]

자유한국당 원내대표 정우택은 "탁현민 행정관이 기획한 100일 보고대회는 그들만의 잔치, 그들만의 예능 쇼나 다름없는 천박한 오락 프로그램", 바른정당 원내대표 주호영은 "한마디로 방송 독점, 자화자찬의 디너쇼였고 속된 말로 짜고 치는 고스톱"이라고 비판했다.[22] 바른정당 대변인 박정하는 "시중에서 탁현민 청와대라는 우스갯소리가 돌아다니는 것도 지나친 게 아니다"고 비판했다.[23]

"짜고 치는 고스톱"? 그러나 어쩌면 그건 애초부터 문재인 지지자들을 위한 행사였는지도 모른다. 집권 5년 내내 지지자들만을 바라본 문재인 '팬덤 정치'의 전조 현상이었던 건 아닐까? 이를 시사해주는 듯한 사건이 8월 하순에 벌어졌으니, 그게 바로 '정현백 해임 촉구' 사건이다.

정현백이 8월 28일 국회 여성가족위 회의에서 여야 의원들의 요구에 "앞으로도 다양한 통로를 통해 (탁현민 해임을 위해) 노력하겠다"고 답하자, 문재인 지지자들이 "정 장관이 대통령의 인사권을 침해한다"며 해임을 요구하고 나선 사건이다. 바로 그날 청와대 홈페이지 국민청원 게시판에 정현백의 해임을 촉구하는 글이 게재되었고, 30일 5,800여 건의 동의 댓글이 달리면서 '베스트 청원'으로 분류되었다. 문재인 지지자들은 "탁 행정관을 내치면 다음은 문 대통령 차례가 될 것"이라는 논리를 폈다.[24]

여성학자 정희진은 「'베스트 청원'이라는 슬픈 광기」라는 『경향신문』(9월 4일) 칼럼에서 "장관이 국민과 야당의 입장을 대통령에게 전달한 것이 해임 사유라니"라고 개탄하면서 이렇게 말했다.

"지금 '이니 팬덤'은, 같은 지지자들에게도 욕설을 퍼붓는다. 근본적인 문제는 정치인에 대한 무조건적 지지다. 국가 운영에 이처럼 위험한 사태는 없다.……나를 포함해서 '문빠'는 지난 '10년 정권'에 절망한 이들이다. 동시에 이 현상은 출구 없는 글로벌 자본주의의 폭주가 두려운,

마음 둘 곳 없는 이들의 집단 광기다. 현 정부의 지지율에는 이처럼 슬픈 광기가 포함되어 있다. 그렇다면 서로 '험한 세상의 다리'가 되어야지, 자기 불안을 같은 처지의 사람들에게 표출하는 '~빠' 문화는 함께 살아갈 방도가 아니다."[25]

돌이켜보건대, 정희진의 호소는 탁견이었지만, 이 글엔 온갖 욕설 악플만 주렁주렁 달렸다. 나중에 '드루킹 댓글 조작 사건'이 불거지면서 밝혀진 사실이지만, 드루킹 일당도 '탁현민 옹호'에 가세했다.[26] 당시 문재인 팬덤에게 옳고 그름의 기준은 오직 문재인 한 사람이었다. 문재인에게 이로우면 옳고, 이롭지 않으면 그른 것이었다. 따라서 문재인을 지키는 탁현민은 무조건 의인이었고, 그가 주도하는 이미지 정치도 의로운 것이었다.

'탁현민 논란'을 잠재운 '남북정상회담 이벤트'

모두 다 탁현민이 지휘를 한 건 아니었겠지만, 청와대는 대중의 감성을 고조시키는 데엔 일사불란하게 움직였다. "문재인 대통령의 숨소리에 울음이 묻어 있었다. 아니, 문 대통령은 분명 울고 계셨다." 2017년 12월 23일 청와대 대변인 박수현이 자신의 페이스북에 문재인이 하루 전 제천 화재 희생자 유가족을 위로하는 모습이 담긴 사진과 함께 올린 글이었다. 박수현은 "희생자 한 분 한 분 앞에 대통령은 일일이 엎드리셨다"며 "'유가족의 욕이라도 들어 드리는 게 대통령이 지금 해야 할 일'이라며 돌아오는 차 안에서 또 울먹이신다"고 했다.

자유한국당 수석대변인 장제원은 "대형 참사 앞에서 참모진이 해야 할 일이 오로지 대통령의 숨소리에 귀 기울이는 것인가"라며 "지금 할 일은 조속하고 제대로 된 진단과 책임 규명을 통해 다시는 이런 대참사가 없도록 해야 하는 것"이라고 했다.[27] 그러나 이런 비판은 무력했거니와 오히려 역효과를 낳은 것처럼 보였다. 리얼미터는 여론조사에서 "대통령이 제천 화재 현장을 방문하던 날 지지율이 69%에서 72%로 상승했다"고 발표했으니 말이다.

흥미로운 건 대중이 탁현민식 이미지 정치에 익숙해

지면서 '소통'의 개념도 달라져가고 있었다는 사실이다. 한국갤럽이 2017년 6월에서 12월까지 28번 실시한 여론조사에서 문재인을 지지하는 이유로 '소통을 잘한다'가 23번이나 1위에 올랐다. 조사 때마다 '소통을 잘해서 지지한다'가 지지자의 15~20퍼센트를 차지했다. 반면 지지하는 이유로 '경제 정책'과 '일자리 창출'은 각각 1~2퍼센트에 그쳤다. 대통령 지지율 고공 행진의 일등 공신이 '소통 잘한다'는 이미지였던 것이다.[28]

그런 이미지 연출을 주도한 탁현민이야말로 일등 공신이었다. 한동안 계속되던 탁현민 논란을 확실하게 잠재운 건 2018년 4월 27일에 일어난 초대형 이벤트였다. 판문점 평화의 집에서 문재인과 북한 국무위원장 김정은이 만난 남북정상회담은 그 자체만으로도 감동스러운 일이었지만, 그림이 더욱 감동스러웠기 때문이다.

판문점을 레이저빔으로 수놓은 것도 인상적이었지만, 가장 인상적인 건 문재인과 김정은의 도보다리 산책이었다. 이 다리는 중립국감독위원회 캠프와 판문점을 잇는 다리로 중립국감독위원회 관련 인사들만 사용할 수 있는

다리였지만, 이 회담을 위해 군사분계선 팻말까지 새로 만드는 등 개보수를 거쳤다. 여기서 나온 그림이 어찌나 멋져 보였던지 나중에 시진핑과 도널드 트럼프까지 따라할 정도였다.

남북정상회담의 정치적 효과는 컸다. 문재인의 지지율은 80퍼센트대로 상승했으며, 40여 일 후에 치러진 6·13 지방선거에서 민주당이 압승을 거두었다. 민주당은 지방선거 사상 처음으로 PK(부산·울산·경남) 광역단체장 3곳 모두를 휩쓰는 등 광역단체장 선거 기준으로 전국 17곳 중 TK(대구·경북) 두 곳과 제주를 제외한 14곳에서 이겼다. 기초단체장 선거에서도 전체 226곳 기초단체 가운데 151곳(66.8퍼센트)에서 이겼으며, 지방선거와 함께 치러진 12곳의 국회의원 재보궐선거에서도 11곳을 가져오는 압도적 승리를 거두었다. 또 전국 17개 시·도 교육감 선거에서 14명의 진보 성향 당선자를 냈다.

자유한국당 대표 홍준표는 "우리는 참패했고, 나라는 통째로 넘어갔다. 모두가 제 잘못이고 모든 책임은 저에게 있다"며 대표직 사퇴를 선언했다. 『조선일보』는 「입법·행정·사법에 지방 권력까지 쥔 문 정권, 독선 경계해야」라는 사설에서 "민주화 이후 치러진 전국 규모 선거에서 집권 여당이 이런 정도로 이긴 적은 없었다"면서 문재인 정권이 독선을 경계할 것을 요청했다.[29]

정부 부처의 교과서가 된 탁현민식 이벤트

2018년 7월 26일 저녁 문재인이 서울 광화문의 한 생맥 줏집에서 시민들과 '깜짝 만남'을 가졌다. 문재인은 "다들 좀 놀라셨죠? 제가 보안이나 경호 문제 때문에 일정을 미리 알리지 못했습니다"라며 "요즘 뭐 최저임금, 노동시간 또 자영업, 이런 문제들에 대해서 심각하게 이야기가 되는 상황이어서 말씀을 듣고자 자리를 마련했다"고 했다.

청와대는 전날 시민과의 깜짝 만남 행사 취지를 설명 하면서 "현재 경제 상황에 대한 살아 있는 목소리를 듣기 위해 (참석자들은) 문 대통령을 만나는지 모르고 온다"고 했 지만, 이는 사실이 아닌 것으로 밝혀졌다. 청와대가 홍보한 청년 구직자가 알고 보니 지난 대선에서 문재인 홍보 영상에 출연했던 사람과 동일인인 것으로 확인되었다.

논란이 일자 청와대는 "작년 3월 빨래방에서 만난 배씨는 청와대 의전비서관실에서 연락해 참석한 것이 맞는다"며 "총 9명의 시민 참석자 중 배씨만 이날 행사에 문 대통령이 온다는 사실을 알았다"고 했다. 그러면서 "문 대통령은 과거 노량진에서 만난 경찰 시험 준비생을 경찰관이 된 후 다시 만난 적이 있다"며 "배씨도 과거에 연을 맺은 사람을 다시 만나 현재 생활을 듣는 콘셉트"라고 했다. 당초 시민과의 '깜짝' 만남이라는 행사의 취지를 부정하면서 말을 바꾼 것이다.

야당은 "얼토당토않은 변명"이라며 "각본에 따른 '정치 쇼'"라고 했다. 자유한국당 원내대표 김성태는 "문 대통령께서 언제까지 이런 '쇼통'으로 국민의 마음을 가져가려고 할지 지켜보겠다"고 했다.[30] 『조선일보』는 "시중에선 이번엔 탁현민 행정관이 실수했다고 한다. 멋진 쇼도 자꾸 보면 지겨워진다. 그전에 싫은 소리를 듣고 반영하는 진짜 소통을 했으면 한다"고 했다.[31]

『중앙일보』 논설위원 이훈범도 "대통령의 호프집 행사는 '탁현민도 맛이 갔나' 갸우뚱하게 만드는 권위주의적 구태다"며 이렇게 말했다.

"특히 예전에 써먹었던 인물을 다시 섭외했다 탄로나는 실수는 하지 말았어야 했다. 무엇보다 시민들을 모아놓고 100분 동안 '돌아가며 말해보라'는 식으로 소통할 수 있다고 믿는 게 오만이다. 진정 국민 목소리를 듣고 싶다면 몇 날 며칠이고 현장을 찾아가 보고 또 확인했어야 한다. 과거 전제군주들이 왜 미복잠행을 했겠나."[32]

『중앙일보』 논설위원 최상연은 "문제는 '탁현민 따라 배우기'가 일상이고 확산일로란 거"라고 했다. "정부 부처에서도 모든 이벤트에 탁현민 방식이 교과서란다. 심지어 행정관 거취까지 이벤트다. 그가 사의를 밝히자 청와대는 '첫눈 오면 놓아주겠다'는 연애할 때나 쓰는, 개그 수준의 문자를 내놨다. 멋있는지는 모르겠다. 하지만 멋있어 보이려 했다는 건 충분히 알겠다. 여성계는 '첫눈 왔다'며 눈 스프레이를 뿌렸다."[33]

"첫눈 오면 놓아주겠다"는 말은 대통령 비서실장 임

종석의 말이었다. '첫눈'은 제1차 남북정상회담 이후 한 달 만인 5월 26일 판문점 북측 통일각에서 비밀리에 열린 제2차 남북정상회담에 이어 9월 18일부터 20일까지 평양에서 개최된 제3차 남북정상회담을 염두에 둔 표현이었다. 제3차 남북정상회담도 감동적인 장면이 많은 이벤트였다. 능라도 5·1경기장에서 15만 평양 시민은 문재인의 연설에 박수로 호응했고, 백두산 천지가 내려다보이는 곳에서 남북 정상이 손을 맞잡아 올린 장면은 이 회담의 백미를 장식했다.

11월 25일 드디어 첫눈이 내리자 임종석은 페이스북에 "하얗게 쌓인 눈을 보면서 엉뚱하게 만주와 대륙을 떠올렸다"며 남북 철도 연결에 대한 기대감을 나타냈다.[34] 그러나 다음해 북한이 문재인의 광복절 경축사에 대해 쓴 '삶은 소 대가리'라는 표현이 시사하듯이, 남북정상회담의 성과는 문재인의 국내용 정치적 승리에 기여한 것으로만 그치고 말았다.

"탁현민의 빈자리가 크다는 걸 느꼈다"

"'문재인 청와대' 쇼 전담인 탁현민 행정관은 문 대통령이 가는 곳이면 어디든 간다. 남북정상회담에서도 뭔가 화려하게 튀는 장면이 등장하면 '탁현민 작품'이라고들 했다. 대중 공연 기획사 출신답게 대통령 행사에 가수나 노래를 많이 등장시킨다. 어제 회견에서도 최근 지지율이 하락한 20대와 50대에 인기 있는 노래를 다섯 곡이나 틀었다. '어려움을 함께 넘어가자'는 등 선곡 이유를 담은 보도자료까지 냈다. 대통령이 청와대 본관 붉은 카펫 계단을 배경으로 모두 연설을 한 뒤 영빈관으로 옮겨가 기자들과 문답한 것도 처음이다. TV 노출 효과를 극대화하는 것이다."[35]

2019년 1월 11일에 나온 『조선일보』의 '만물상' 칼럼이다. 이 칼럼은 "아무리 쇼가 중요해도 실질을 앞설 수는 없다"고 했는데, 사실 문제는 실질이었다. 3월에 청와대 대변인 김의겸이 부동산 투기 논란으로 사퇴한 사건이 시사하듯이, 문재인 정권은 부동산 등과 같은 민생 문제에선 믿기지 않을 정도로 무능했고, 게다가 내로남불이 체질인 것처럼 보였다.

그건 탁현민의 '이미지 정치' 솜씨가 아무리 탁월해도 어찌 해보기 어려운 것이었다. 이제 눈도 내릴 만큼 내린 1월 하순 탁현민의 사표가 수리되었고, 청와대는 2월에 그를 행사 기획 자문 위원으로 위촉했다. 그가 없는 청와대가 예전처럼 '이미지 정치'를 잘해낼 수 있을까? 적어도 탁현민이 보기엔 문제가 많았던 것 같다. 내심 참고 참았겠지만, 결국 11월에 입을 열고야 말았다.

탁현민은 11월 18일 tvN 〈김현정의 쎈터:뷰〉에 출연해 다음 날 오후에 열리는 문재인의 '국민과의 대화' 행사에 대해 "내가 청와대에 있었다면 '국민과의 대화' 연출은 하지 않았을 것"이라고 했다. 이어 "소통의 총량이 적지 않고 대통령이 생각하시는 바를 언제든 국민에게 이야기할 수 있는 환경이 만들어졌는데, 이렇게 또 '국민과의 대화'를 별도의 시간을 내서 한다는 것에 대해서 아직까지 제가 이해를 못하고 있다"고 덧붙였다.

탁현민은 "본인이 이번 행사를 자문하지 않았다"며 "(기획을 했다면) 어떤 이야기를 담아야 할지 무척 곤혹스러울 것 같다"고 설명했다. 그러면서 "300명의 표본 집단을 과연 어떻게 뽑아낼 수 있을지, 또 대통령에게 궁금한 300명을 무작위로 뽑으면 그게 전체 국민과의 대화에 부합하는지도 잘 모르겠다"고 했다.[36] 그는 "기획을 하는 사람 입장에서 어떤 얘기를 담아내야 할지 무척 곤혹스러웠을 것"이라며 "구성을 생각하면 연출자로서 더욱 쉽지 않다. 무작위로 질문자를 선정하면 질문 수준에 이견이 있을 것이고, 참여 대상자를 직접 고르면 '짜고 했다'고 공격할 것"이라고 지적하기도 했다.

그의 우려는 현실이 되고 말았다. 19일에 열린 MBC 특집 '국민이 묻는다-2019 국민과의 대화'는 시나리오 없이 국민 패널 300명의 질문을 받는 타운홀 미팅으로 진행되었다. 사전 각본이 없다는 게 신선하게 여겨졌지만, 오히려 그렇기 때문에 지나치게 개인적 질문이 나오거나 특정 질문자가 과도하게 시간을 끌면서 어수선한 분위기가 이어졌다. 한 시민은 "대통령을 보자마자 많이 늙으신 것 같아 눈물이 났다"는 등 지지성 발언을 길게 이어가 결국 보조 진행자가 "다른 분을 위해 질문을 간단히 해달라"고

요청하기도 했다.[37]

　대안신당 의원 박지원은 "탁현민 전 선임행정관 말이 옳았다. 그의 빈자리가 크구나 하는 것을 느꼈다"고 했다.[38] 이런 의견이 많았던 탓인지 탁현민은 2020년 5월 다시 청와대로 복귀했다. 이전의 선임행정관 직위에서 승진해 1급 고위 공무원인 의전비서관으로 임명된 것이다.

전쟁 영웅들의 유해는 무대 '소품'이었나?

탁현민이 구사한 '이미지 정치'의 힘을 압도한 건 코로나19가 초래한 국민적 위기의식이었다. 여기에 코로나19 긴급재난지원금이 뿌려지면서 문재인 정권은 예상을 깨고 제21대 총선(2020년 4월 15일)에서 180석을 거머쥐는 대승을 거두었다. 불행하게도 이는 문재인의 '이미지 정치'를 강화하는 결과를 초래하고 말았다. 자기들 잘난 덕분에 이긴 걸로 생각했으니, 해오던 대로 계속하는 게 촛불 민심에 부응하는 길이라 믿은 것이다. 그 바람에 이미 엉망이 된 부동산 정책도 그 어떤 교정의 기회를 얻지 못한 채 대실패를 향해 계속 질주했다.

"문재인은 남이 써준 연설문 읽고, 탁현민이 해준 이벤트 하는 의전 대통령이라는 느낌이 든다." 진중권이 2020년 6월 10일 국회 의원회관에서 국민의당 주최로 열린 '온on 국민 공부방' 세미나에서 한 말이다. 이어 그는 "사실 이분은 정치할 생각이 없었다. 도망 다녔다"며 "친문, 폐족들이 노무현 팔아먹고 있는 걸 웬만한 자기 철학이 있는 대통령이라면 막았을 거다. 그런데 그분한테 주도권이 있는 것처럼 보이지 않는다"고 했다.[39]

이 발언에 대해 청와대 전·현직 참모와 민주당 의원들이 강하게 반발하자, 진중권은 "문득, 옛날에 김정은 위원장 플래카드가 비에 젖는다고 가던 버스 세워놓고 울고불고 항의하던 북한 응원단 생각이 난다"며 "혹시 이분들 내 평계로 충성 경쟁 하는 건가요"라고 했다. 그는 "2009년 민주당 소속 천정배 의원은 이명박 대통령을 향해 '쥐박이', '땅박이', '2메가'라 불렀고, 2013년 민주당 원내 대변인이던 홍익표 의원은 박근혜 전 대통령을 '귀태의 후예'라 부른 바 있다"고 썼다. 그러면서 "저는 민주당 의원님들과 달라서 대통령을 비판하는 데에 이렇게 '품격' 있고 '예의' 바른 표현들은 차마 사용하지 못하겠더라"고 비꼬았다. 이어 "이런 고상한 표현은 제 천한 입에 어울리지 않는다. 그래서 폭력적이고 상스럽게 '의전 대통령'이라고 했던 것"이라고 했다.[40]

6월 25일 경기 성남시 서울공항에서 열린 '6·25전쟁 70주년 기념식'에서 국군 참전용사 유해 147구를 봉환하는 행사가 청와대에 복귀한 탁현민의 저력을 보여주는 첫 대규모 무대가 되었다. 이 행사 덕분에 많은 사람이 건물의 외벽에 다양한 콘텐츠 영상을 투사하는 기법이라는 '미디어 파사드media façade'에 대해 알게 되었고, 비행기 동체에 비춘 영상에 깊은 감동을 받았겠지만, 이는 유해에 대한 존중과 시청자들의 감동 가운데 "무엇이 우선인가?"라는 논란을 불러일으켰다.

유해는 이날이 아니라 전날 도착했고 행사장에 서 있던 공군 비행기는 다른 비행기였는데, 사흘 전부터 이 비행기를 행사장에 세워놓고 예행연습을 하느라 유해는 원래 실려온 비행기에서 내려져 어디선가 하룻밤을 보내고 그 중 유해 7구는 행사를 위해 다른 비행기에 실려 있었다는 게 밝혀졌기 때문이다.

정부 관계자는 "비행기 동체에 무대 영상을 비추는 일이 기술적으로 시간이 오래 걸려 미리 다른 비행기를 갖다 놓고 작업했다"고 했는데, 이게 과연 그렇게까지 해야 할 일이었느냐는 비판이 제기되었다. 유해들이 70년 만에 조국 땅을 밟는 순간을 생중계로 보는 줄 알았던 시청자들을 사실상 속이면서까지 꼭 그렇게 했어야만 했느냐는 것이다. 고국으로 돌아오는 유해가 행사의 중심이 아니라 비행기와 영상 투사 등 쇼가 우선이었다는 점에서 정부가 전쟁 영웅들의 유해를 무대 '소품' 취급했다는 개탄이 나온 것도 무리는 아니었다.[41]

이 사건과는 무관하게, 문재인의 부동산 정책을 강하게 비판했던 이화여자대학교 교수 조기숙은 6월 30일 "정치적으로 성공하면 대통령 임기 동안 인기를 누리며 높은 지지를 받지만 그럴수록 정책적으로 실수할 가능성이 높다"고 했다.[42] '이미지 정치'의 성공은 그럴 가능성이 더욱 높다는 점에서 여러 분야에 걸친 문재인 정권의 정책적 실패는 '이미지 정치'의 부메랑 효과였는지도 모르겠다.

문재인의 숙의 체계를 훼손한 '탁현민 파워'

"탁현민 청와대 의전비서관은 정부 행사 때 빛과 소리·스토리로 국민 감성에 호소하는 데 일가견이 있다. 하지만 그는 자신도 모르게 문 대통령과 다수 국민의 숙의 체계를 훼손시켰다." 경희대학교 명예교수 허우성이 『중앙일보』(7월 27일) 칼럼에서 한 말이다. 우리 인간이 현실을 파악하고 행동을 선택하는 데에는 직관 중심의 감성 체계와 사고 중심의 숙의 체계라는 두 가지 메커니즘이 개입하는데, "문 대통령의 숙의 체계는 자신의 감성 체계 충동에 져왔다"며 한 말이다.[43]

　'이미지 정치'는 원래 감성 체계를 겨냥한 것이기에 그걸 총괄한 탁현민을 탓할 수는 없는 일이었다. 문제는 감성 체계 위주의 국정 운영을 견제하거나 숙의 체계와의 균형을 취하게끔 조언할 참모들이 문재인 주변에 없었다는 점이다. 게다가 탁현민의 파워가 너무 강했다. 『중앙일보』 논설위원 강찬호는 2020년 7월 30일 칼럼에서 "문재인 대통령이 진짜로 믿고 의지하는 사람은 누굴까?"라는 질문을 던지면서 양정철·윤건영·김경수·탁현민을 지목한 여권 관계자의 말을 다음과 같이 소개했다.

"캠프에서 현안이 생기면 양정철·윤건영·김경수가 미리 모처에서 문재인 후보와 만나 결정을 내려놓는다. 이어 회의가 열리면 3인 중 한 사람이 '문의 뜻이다. 이렇게 해야 한다'고 말한다. 그러면 회의는 끝이다. 캠프 우두머리로 선대 본부장이 있지만, 비문이라 아무 힘이 없다. 그리고 탁현민이 있다. 캠프에서 이벤트를 할 때 우리가 짜는 계획은 다 소용없다. 탁현민이 들어와 뒤집으면 끝이다. 문 후보도 탁현민에겐 꼼짝 못 하더라. 절대적으로 매달리더라. 탁현민의 힘은 밖에서 알려진 것 이상이다. 그의 영향력은 지대하다."[44]

이는 캠프 시절의 이야기지만, 문재인 집권 이후 탁현민의 힘이 더 강해졌으면 강해졌지 달라진 건 없었다. 문재인 자신부터 홍보의 중요성에 대한 강한 신념을 갖고 있었다. 민주당 의원 고민정은 『일요신문』(8월 13일) 인터뷰에서 문재인에 대해 다음과 같이 말했다.

"요즘도 소통과 홍보 잘하라는 비판을 많이 듣는다. 부대변인과 대변인일 때도 '그분'께 가장 많이 들었던 이야기가 '홍보 많이 해라'였다. '정책 아무리 잘 만들어도 홍보하지 않으면 아무 소용없다. 홍보가 70%고 정책은 30%'라는 말까지 할 정도로 문 대통령은 홍보의 중요성을 많이 말했다."[45]

물론 얼마든지 좋은 뜻으로 이해할 수 있는 말이지만, 그런 홍보 중시 마인드가 문재인의 탁현민 의존도를 높였을 것이라고 추정해도 무리는 없을 게다. 야권에선 탁현민을 심지어 "청와대의 괴벨스와 같은 존재"(정진홍)로 보는 시각마저 있었지만,[46] 탁현민은 자신의 역할에 충실했을 뿐이다. 그는 무죄일망정, 탁현민식 '이미지 정치'가 문재인의 국정 운영을 지배하다시피 한 것은 문재인이 중요한 순간에 침묵을 하면서 책임 회피를 하는 걸 습관처럼 만들어버리고 말았다는 데에 문제가 있었다.

진중권이 "중요한 결단의 순간마다 문재인 대통령이 없다. 행방불명"이라고 말한 건 결코 과장이 아니었다. 그는 "의전, 행사 때 잠깐 나타나 하나마나한 얘기만 한다. 대통령을 찾습니다"라며 "박근혜 전 대통령 시절과 달라진 게 뭐냐"고 했다. "대통령의 메시지는 자화자찬 위주다. 코로나도 발언하면 터지고 또 터진다. 상황을 정확히 얘기해 국민 통합을 시켜야 하는데 자화자찬만 한다"는 것이다.(8월 23일 발언)[47]

팬덤의 '뭉클, 울컥'을 위한 '이미지 쇼'

문재인은 믿기지 않을 정도로 부지런한 대통령이었지만, 이 좋은 미덕은 주로 '이미지 정치'를 위해서만 발휘되었다. '정은경 임명장' 사건을 보자. 질병관리본부를 질병관리청으로 승격시킨 문재인은 승격 하루 전날인 9월 11일 초대 질병관리청장 정은경에게 직접 임명장을 주기 위해 충북 오송에 있는 질병관리본부를 찾았다. 문재인은 정은경을 "K-방역의 영웅"이라고 극찬했으며, 정은경은 대통령 뒤에서 감사 표시로 허리를 90도로 숙였다.

충남에서 병원을 운영하는 현역 의사는 자신의 페북에서 "살다 살다 정부가 솔선수범해서 방역 지침 위반하는 것은 처음 본다. 온 국민은 집합 금지에 재택 근무·이동 금지를 명하면서"라고 지적했다. 임명장 수여 현장에 모인 사람 숫자를 일일이 체크한 사진을 근거로 제시한 그는 거리두기 2단계 상황에서 실내 50인 이상 집합·행사를 금지한 "방역 지침 위반"이라고 예리하게 짚어냈다.

청와대 국민청원 게시판에도 임명장 이벤트를 비판하는 항의 글이 올라왔다. 작성자는 "(정부의 방역) 명령을 실천하는 중에 손님도 없는 상황에서 영업 정지당해 다 죽어가는데 공무원들이 빼곡히 서서 사진 촬영하는 장면을 소상공인들이 어떠한 심정으로 바라봐야 하느냐"고 반문했다. 이어 "방역은 공무원의 업무고 잘하면 칭찬받겠지만, 반대편에서 많은 사람이 경제·가정 파탄을 겪고 있다. 자살자도 계속 늘어간다"고 호소했다.[48]

반면 이 행사를 기획한 탁현민은 "(대통령이) 권위를

낮출수록 권위가 더해지고 감동을 준다"며 자화자찬했다. "몇십 년을 되풀이해왔을 뻔한 행사인 임명장 수여식도 조금만 생각을 바꾸면 감동을 줄 수 있다"는 말도 덧붙였다. 이에 대해 진중권은 "그가 자백하듯이 문 대통령이 권위를 낮춘다면 그것은 권위를 높이기 위해서다"며 다음과 같이 말했다.

"문 팬덤이 자주 사용하는 '뭉클, 울컥'이라는 표현은 이 연출의 정치미학적 효과를 보여준다. 과도한 이미지 쇼가 때로 문제가 되기도 한다. 코로나 사태의 한가운데에서 연출한 짜파구리 쇼는 대중의 질타를 받았다. 송환된 전몰 용사들의 유해를 다른 비행기로 옮기는 결례가 빚어지기도 했다. 전몰 용사보다 영상 효과가 중요했단 것이다. 권위주의 파괴의 연출이 필요한 것은 정권이 여전히 권위주의적이라는 얘기다."[49]

"탁현민이 대한민국 대통령인가"

9월 19일 청와대에서 열린 제1회 청년의날 기념식은 어떤
가. 이 기념식엔 당시 미국 빌보드 싱글 차트에서 1위를 차
지한 방탄소년단BTS이 '청년 대표'로 참석했다. 문재인은
이날 행사에서 '공정'을 37번이나 언급했지만, 세계에서
가장 바쁘고 주목받는 아티스트인 BTS가 과연 불공정에
분노하고 부동산으로 좌절하는 청년을 대표하는지 논란이
제기되었다. 문재인 정권 출범 후 8개월 동안만 각종 정부
주도 행사에 연예인들을 20차례 가깝게 참석시켰을 정도
로 문재인 정권이 연예인들을 '너무 자주' 부른다는 것도
문제가 되었다.[50]

　　야권에선 "추미애 장관 아들 병역 문제 등으로 20대
지지율 떨어지자 이를 무마하려는 정치적 의도에서 기획
된 것 아니냐"는 지적이 나왔지만,[51] 이보다는 『한겨레』 선
임논설위원 박찬수가 제기한 문제가 더 가슴에 와닿았다.
"야당과 보수 언론의 가시 돋친 비난은 그렇다 쳐도, 장혜
영 정의당 의원이 '심장에 와닿지 않고 조금 공허하다'고

평한 건 아프게 다가온다.……그런데 대통령은 왜 직접 청년들을 만나 대화하고, 토론하고, 이런 걸 설명하지는 않는 걸까."[52]

탁현민의 자화자찬도 좀 보기에 민망한 면이 있었다. 『중앙일보』 논설위원 안혜리는 「탁현민이 대한민국 대통령인가」라는 칼럼에서 "대통령이 37번이나 언급할 만큼 이날 행사를 관통하는 메시지인 '공정' 이슈에 대해 탁 비서관은 SNS에 자신이 연출자라는 걸 강조하는 것만으로는 모자랐는지 '고민이 많았다'며 본인의 청년 시절까지 소환했다"며 다음과 같이 비판했다.

"대통령 행사이고, 탁 비서관은 대통령의 국정 철학을 좀더 돋보이도록 구현하는 역할을 맡았을 뿐이다. 정상적인 대통령과 참모 관계라면 탁 비서관은 국민 눈엔 아예 보이지 않아야 한다. 그런데 행사 당일에 마치 본인이 대통령인 양 '메시지를 고민했다'고 떠벌리고, 행사에 참석한 BTS가 대통령에 전달한 선물을 놓고도 '나의 선물'이라고 생색을 냈다. 반면 이날 문 대통령 SNS는 단순했다. '정부는 기회의 공정을 위해 최선을 다하겠습니다. 청년들은 상상하고, 도전하고, 꿈을 향해 힘차게 달려주기 바랍니다.' 두 SNS만 놓고 보자면 탁 비서관이 지휘관이고 대통령은 그저 연출가의 의도를 충실히 구현해낸 무대 위 배우일 뿐이다."[53]

어찌 되었건 이 행사는 탁현민이 그렇게 뻐기고 싶었을 정도로 큰 성공을 거둔 것으로 보인다. 흥미로운 건 보름 후인 10월 3~4일 이틀간에 걸쳐 『경향신문』·한국리서치가 문재인의 국정 운영에 대한 여론조사를 한 결과에 따르면, 유일하게 '잘하고 있다'는 평가(50퍼센트)가 '잘 못하고 있다'는 평가(45퍼센트)보다 높은 건 국민과의 소통 항목이었다는 사실이다. 2017년 조사에 비해 30퍼센트가량 하락했다지만,[54] 그래도 놀라운 결과인 건 분명했다. 문재인이 대통령 취임사에서 가장 많은 시간을 할애해 강조했던 소통에 대한 약속이 사실상 부도가 났다는 점에 비추어본다면 말이다.[55] 바로 이게 '이미지 정치'의 파워는 아닐까?

왜 문재인의 연설 영상은 흑백으로 송출되었나?

'이미지 정치'와 더불어 소통을 하는 것도 얼마든지 가능한 일이겠건만, 문재인은 '이미지 소통' 이외엔 그 어떤 소통도 거부하는 것처럼 보였다. 장발장은행장·'소박한 자유인' 대표 홍세화는 「우리 대통령은 착한 임금님」이라는 『한겨레』(11월 20일) 칼럼에서 "국민과 열심히 소통하겠다는 약속이 가뭇없이 사라졌는데, 이에 대해서는 설명이든 해명이든 듣지 못했다"며 "불편한 질문, 불편한 자리를 피한다는 점에서 문 대통령은 대통령보다 임금님에 가깝다"고 했다. 홍세화는 "국민 사이에 갈등을 일으키는 사회 현안에 대해서는 처음부터 침묵으로 일관한다"며 다음과 같이 말했다.

"전태일 열사 50주기를 맞아 국가최고훈장인 국민훈장 무궁화장을 추서했다. 불온한 시선을 갖고 있어서겠지만, 상이나 훈장 중에는 받는 사람보다 주는 사람을 위한 경우도 많다. 전태일 열사에게 훈장을 주는 자리라면, 적어도 그 이름을 딴 '전태일3법'에 관심을 표명하고 자신의 의사를 밝히는 게 대통령의 모습이다. 하지만 그런 일은 자신의 소관 사항이 아니라고 여길 만큼 임금님이 되어 있다."[56]

많은 이에게 감동적으로 보였던 전태일 훈장 세리모니가 시사하듯이, 문재인은 주로 의전으로만 소통하려는 경향을 보였다. 기업인들에게 청와대·정부 행사에 '들러리 참석'을 요구하는 낡은 관행도 독재 정권 시절과 다를 게 없었다. 11월 25일 경기도 일산 킨텍스에서 대통령 주재로 열린 '한국판 뉴딜-대한민국 인공지능AI을 만나다' 행사도 그런 경우였다. 이 행사에 참석한 국내 주요 IT 기업의 수장들이 1시간 넘게 자리에 앉아 박수만 치고 돌아갔지만, 감히 불평을 할 수는 없었다. "박수만 치다가 끝난 행사는 처음", "앞으로 얼마나 더 의미 없는 행사에 불려가야 하는지 착잡하다"는 익명의 불평만 전해졌다.[57]

12월 10일 문재인은 청와대 본관 집무실에서 '2050 대한민국 탄소 중립 비전 선언'을 했다. 이날 연설은 저녁 황금시간대인 오후 7시 35분부터 15분간 지상파 3사 등 6개 방송사를 통해 전국에 생중계되었다. 충남 태안에 있는 신두리 해안사구를 배경으로 한 오프닝 영상은 배우 하지원이 내레이션을 맡았으며, 문재인의 연설이 끝나자 가수 고故 신해철이 작사·작곡한 〈더 늦기 전에〉 뮤직비디오가 상영되었다. 가사에 지구 환경의 미래를 생각하자는 내용을 담은 〈더 늦기 전에〉는 1992년 제1회 환경 보전 슈퍼 콘서트 '내일은 늦으리' 주제곡이었다.[58]

이색적인 건 문재인의 연설 영상은 흑백으로 송출되었다는 점이다. 청와대는 "컬러 영상의 4분의 1 수준 데이터를 소모하는 흑백 화면을 통해 디지털 탄소 발자국에 대한 경각심을 환기하는 것"이라고 했다. 그거 말 된다. 아주 멋진 한 편의 공익 드라마라고 평가해도 무방하겠지만, 문제는 이 모든 연출을 탁현민이 맡았다는 점이다.

KBS 공영노조는 '언론 자유? 방송 독립? 그런 건 개나 줘버려! 청와대 의전비서관 왕王피디 시대'라는 성명에서 탁현민을 '왕王PD'로 지칭하며 "PD들이 '탁현민 왕피디' 지시를 받으며 일했다. KBS의 역할이 인력 공급 대행 및 송출 업체로 전락했다"고 비판했다. 공영노조는 "이번 탄소 중립 선언은 청와대 기획, 청와대 연출, KBS 제작 대행, KBS 송출의 역할 분담에 따라 제작됐다"며 "KBS가

공영방송 망가짐 이상의 문제를 드러냈다"고 규탄했다.[59]

이에 탁현민은 "공영노조는 대통령 연설의 연출을 방송사 마음대로 해야 했었다는 주장인 건가요? 청와대의 기획, 연출 의도는 무시하고 방송사가 우선이라는 건가요?"라고 반문했다. 그는 "결정해야 할 '내용'과 '형식'을 최종 책임을 져야 할 청와대가 하는 것은 당연한 것"이라며 "대통령의 말씀과 방송의 연출은 KBS 공영노조 마음대로 하는 것이 아니다. 대통령은 공영노조가 카메라 앞에 세워놓고 앉으라면 앉고 일어서라면 일어서는 그런 분도 아니고 그런 시대도 아니다"고 주장했다.[60]

『조선일보』는「난데없는 '흑백 문'도 탁현민 지시, 청 노리개 된 KBS」라는 사설을 통해 "지금 탁 비서관은 KBS를 마음대로 갖고 노는 노리개 취급을 하고 있다"며 이렇게 비판했다.

"역대 대통령 모두 이미지 관리용 TV 쇼를 했다. 그러나 이 정권처럼 본말이 바뀔 정도로 TV 쇼를 우선한 정권은 없었다. 쇼만 잘되면 실제 정책은 어떻게 되든 관심도 없는 듯하다. 탄소가 나오지 않는 원전을 없앤다면서 탄소 중립을 말하는 것 자체가 어이없는 쇼다."[61]

이 문제를 어떻게 보아야 할까? 문제의 핵심은 "KBS 중계 제작진이 청와대 측 담당자와 여러 차례 협의를 거쳤고, 청와대 측으로부터 '하달 사항' 지시가 있었다는 것은 사실이 아니다"는 KBS 측의 반박 입장에 있는 것 같다. 즉, KBS 스스로 연출권을 청와대에 양보했다는 것인데, 그걸 KBS의 정당한 자유이자 재량권이라고 말할 수 있는 걸까? 공영방송 독립이라는 해묵은 문제인 동시에 문제인 정권의 '이미지 정치'에 대한 집착이 빚은 해프닝으로 보는 게 옳을 것 같다.

"대통령님, 솔직한 얘기를 듣고 싶어요"

12월 11일 문재인이 경기도 화성시 한국토지주택공사LH 임대주택 100만 호 기념 단지인 동탄 공공임대주택 단지를 방문했다. 그는 "아늑하고 아주 아기자기하다", "신혼부부 중에 선호하는 사람이 많겠다", "앞으로 이런 곳에 중형 평수까지 포함하면 중산층들이 충분히 살 만한, 누구나 살고 싶은 임대아파트를 만들 수 있지 않겠느냐"며 호평을 이어갔다.

공공임대주택에 대한 대통령의 관심을 보여주는 의미 있는 행사였지만, LH가 이 방문 일정을 위해 약 4억 5,000만 원을 지출했다는 사실이 알려지면서 논란이 되었다. 이 임대주택은 최근에도 부실 시공으로 인한 주민들의 하자 피해 호소가 줄을 잇고 있는 곳임에도 대통령을 위한 보여주기식 이벤트를 연출하기 위해 따로 인테리어와 보수 공사에 돈을 들였다는 것이다. 야당은 "대통령 행사를 위해 서민들의 실상과는 동떨어진 판타지 연출극을 펼치고 있는 것"이라고 비판했다.[62]

『조선일보』는 사설을 통해 "문 대통령 행사 대부분이 이런 '탁현민 쇼'다"며 "문 정권의 특징 중의 하나는 정책의 내실이 아니라 어떻게 보이느냐가 중요하다는 사실이다. TV 발표 쇼만 화려하게 하면 나중에 그 정책이 어디로 어떻게 흘러가는지는 관심도 없는 듯하다"고 비판했다.[63]

『한겨레』 논설위원 신승근도 「대통령님, 솔직한 얘기

를 듣고 싶어요」(12월 23일)라는 칼럼에서 문재인이 지난 3년 7개월간 한 직접 브리핑과 기자회견은 6차례에 그쳤다는 점을 지적하면서 이렇게 말했다.

"취임 뒤 1년 동안 대통령 행사 자체가 감동과 위안을 주던 시절도 있었다. 이젠 탁현민 비서관이 연출하는 행사에 대한 피로감과 역효과를 우려하는 목소리가 나온다. 문 대통령이 사람들이 궁금해하는 것에 대해 말하지 않고, 잘 짜인 각본에 따른 행사와 각종 회의를 통해 전달되는 '말씀'으로 국민과 소통한다고 생각하기 때문이다."[64]

그러나 문재인이 취임사에서 약속했던 소통은 끊임없이 '행사'나 '자화자찬'으로 대체되기도 했다. "문재인 대통령이 모더나사 CEO 스테판 반 사엘과 통화해 우리나라에 2,000만 명 분량인 4,000만 도즈의 백신을 공급하기로 합의했습니다. 이는 우리나라와 모더나가 계약 협상을 추진하던 2,000만 도즈가 두 배로 늘어난 것입니다. 도입 시기는 내년 2분기부터입니다." 12월 29일 청와대 대변인 강민석이 브리핑을 통해 밝힌 내용이다.

당시는 백신 확보에 크게 뒤처진 문재인 정권이 궁지

에 몰렸을 때였는데, 대통령이 직접 백신 계약에 나서서 성공했다는 뉴스와 더불어 모더나 CEO와 화상 통화하는 장면까지 공개한 이벤트는 국민 불만을 누그러뜨렸고, 대통령 지지율을 올렸다. 그러나 '2분기부터'라던 모더나 백신은 3분기 시작이 한참 지난 2021년 8월에도 당도하지 않았다.[65] 문재인은 아무런 말이 없었고, 복지부 장관이 대신 사과했다.[66]

'풍력발전기 쇼'와 '백신 쇼'

"정책 아무리 잘 만들어도 홍보하지 않으면 아무 소용없다. 홍보가 70%고 정책은 30%"라는 문재인의 지론은 자화자찬도 필요한 홍보라고 여기는 듯했다. 2021년 1월 5일 오전 청와대 여민관에서 영상으로 열린 국무회의에서 'OECD 성장률 1위', '코리아 프리미엄 시대'를 강조하는 등 자화자찬 일색이었으니 말이다.[67]

이에 전 국민의힘 의원 유승민은 "문 대통령이 오늘

또 '코로나19 모범 국가', '코리아 프리미엄'을 강조했다"며 "왜 공감 능력은 없고, 자화자찬 아니면 책임 회피뿐인가"라고 비판했다. 그는 "백신도 그랬다. 대통령이 13번이나 지시했는데 백신 확보에 실패했다고. 대통령은 할 만큼 했는데 공무원이 지시를 따르지 않았으니 책임은 공무원이 지게 될 것이란 게 청와대의 말"이라며 "대통령이란 자리는 책임을 회피하고 떠넘기는 자리가 아니다"고 했다.[68]

2월 5일 문재인은 전남 신안군 임자대교에서 열린 '세계 최대 풍력 단지 48조 투자 협약식'을 찾아 "완전히 가슴이 뛰는 프로젝트", "현존하는 세계 최대 해상 풍력 단지보다 무려 일곱 배나 큰 규모"라며 강한 기대감을 드러냈다. 행사장에는 거대한 크기의 풍력발전기 여러 대가 설치되어 있었다. 그런데 이는 모두 모형으로, 이를 위해 3억 원 가까운 예산이 투입되었다는 게 나중에 밝혀졌다. 이 모형을 돌리기 위해서 발전기가 투입되었다. 야당은 "전기를 생산하는 풍력이 아닌 전기를 소비하는 풍력인 셈이다. 보여주기식 행사를 위해 국민 혈세를 낭비하는 꼴이다"고 비판했다.[69]

3월 초순에 벌어진 백신 접종 모의 훈련, 백신 모형을 사용한 민·관·군·경 합동 수송 훈련, 테러 세력에 의한 백신 탈취 방지 훈련은 많은 사람을 의아하게 만들었다. 그게 대통령이 직접 참관하고 텔레비전에 방영하는 호들갑을 떨 일이냐는 의아심이었지만, 그렇게 볼 일만은 아니었다. 한국은 2월 26일에서야 백신 접종을 시작해 세계에서 102번째를 기록한 나라였으니, 문재인 정권으로선 그런 쇼를 통해서라도 백신 정책의 대실패를 감출 필요를 느꼈을 게다.

　　전 자유선진당 의원 박선영은 "전 세계에서 102번째로 코로나 예방접종을 하는 나라에서, 그것도 인기 없는 아스트라제네카를 북한이 훔쳐갈까봐 그런 거대한 쇼를 했느냐"며 "6월에 백신 접종이 끝나는 영국인들은 (접종이 끝나면) 신나게 뭐할까 계획 세우느라 여념이 없는데, 연말이 지나야 접종이 끝날 것 같은 우리는 영혼 없는 군대가 백신 지킨다고 대낮에 쇼나 해댄다"고 꼬집었다. 반면 문재인 지지자들은 한결같았다. "다른 나라에서는 볼 수 없는 훈련까지 하며 준비하는 대한민국에 태어난 걸 감사히 여긴

다"거나 "대통령이 꼼꼼하게 챙기니 든든하다"는 반응을 보였으니 말이다.[70]

신평은 백신 탈취 방지 훈련은 "정치 쇼의 압권이자 백미"라며 "이러한 정치 쇼에의 과다한 의존과 중독은 진보 귀족이 갖는 천박한 의식 수준, 도덕성의 붕괴를 여실히 말해준다"고 했다.[71] 서민은 "테러 단체가 백신접종센터를 습격해 의료진을 납치하고 백신을 탈취하는 상황을 가정했다는데, 해당 사진을 보고 있노라면 '부끄러움은 국민 몫'이란 탄식이 저절로 나왔다"며 "자기들 딴에는 이런 쇼가 효과가 있다고 생각하나 보다"고 꼬집었다.[72]

"정의·평등·공정은 탁현민의 소품으로 전락"

4월 26일 배우 윤여정이 제93회 아카데미상 시상식에서 여우조연상을 받은 걸 알리는 기사에 "제발 청와대가 불러도 정중히 거절해주세요", "윤여정 좀 청와대로 부르지 마라" 등과 같은 댓글들이 달렸다. 2020년 2월 아카데미 4관왕에 오른 영화 〈기생충〉 제작팀을 문재인이 청와대 오찬에 부른 일을 떠올리고, 2021년 수상자인 윤여정과도 같은 행사를 기획하는 건 아닌지 비꼰 것이다. 즉, "윤여정의 아카데미 수상을 정치적으로 이용하지 말라"는 뜻이었다.[73]

그렇듯 불신의 대상이 된 문재인의 '이미지 정치'에 대한 비판은 5월 7일 국무총리 후보자 김부겸에 대한 인사청문회에서까지 나왔다. 참고인 신분으로 출석한 경제민주주의21 공동대표 김경율은 "이른바 '정의', '평등', '공정', 이런 것들이 집권 4년 동안 많이 희화화 돼버렸다"며 "매몰차게 말씀을 드리면 탁현민 비서관의 어떤 소품 정도로 전락해버리지 않았나 생각한다"고 말했다.[74]

이 비판을 염두에 둔 듯 탁현민은 문재인 대통령 취임 4주년 특별 연설을 하루 앞둔 9일 "정치를 현재로만 평가하는 건 위험하다"며 "과거의 위업이 미래의 비난이 되기도 하고 현실의 위기가 미래의 성취가 될 수도 있기 때문"이라고 말했다.[75] 이에 대해 경제사회연구원 사회문화센터장 이한우는 이렇게 평가했다.

" '의전'비서관이 도대체 무슨 비상한 업무를 하고 있길래 이런 말을 대통령 4주년 특별 연설을 앞둔 하루 전날 내뱉은 것일까? 이를 보면 드는 생각은 하나다. 어쩌면 그는 '의전'을 넘어 '진짜 일'을 하고 있을지도 모른다는 생각 말이다."[76]

그러나 문재인은 현재의 평가를 위한 투쟁에 나선 것처럼 보였다. 그는 기자회견에서 "지난 4년 우리는 희망을 보았고, 보란 듯 해냈다"며 "K-방역이 세계의 표준이 됐으며 세계가 우리 경제에 주목하고 있다"고 자평했다. "대통령의 4년 평가는 두루두루 잘 차려진 자화자찬의 성찬"이었다는 비판이 나오기도 했지만,[77] 늘 그러했듯 문재인의 자화자찬은 이후로도 계속되었다.

『중앙일보』칼럼니스트 이철호는 6월 10일 칼럼에서 "주요 국정들이 표류하고 있다. 문재인 정부가 추진한 부동산·탈원전 정책 등이 사실상 실패했지만, 수습과 해결에 총대를 메는 모습을 찾기 힘들다"며 전직 청와대 비서실장 A의 말을 소개했다. "주요 국정을 진척시키기 힘들어지면 가벼운 이벤트의 유혹에 빠지기 쉽다.……청와대에 예능 PD 같은 인사들만 눈에 띄면 안 되는데……."[78]

그러나 그런 유혹의 힘이 워낙 강렬했던가 보다. 며칠 후 'G7 회의 사진 조작' 사건이 터졌으니 말이다. 정부가 문재인이 초청국 정상 자격으로 참석한 주요 7개국G7 정상회의를 알리면서 남아프리카공화국 대통령의 모습을 잘라낸 단체 사진을 홍보 포스터에 사용함으로써 문재인이 가운데 서 있는 것처럼 조작한 사건이다.

정부는 '사진 한 장으로 보는 대한민국 위상'이란 제목의 홍보 포스터에서 '이 자리 이 모습이 대한민국의 위상입니다. 우리가 이만큼 왔습니다'라고 했다. 청와대 국민소통수석 박수현은 페이스북에 이 사진을 올리며 "대한민국 국격과 위상을 백 마디 말보다 한 장의 사진이 더 크게 말하고 있다"고 했다.[79] 청와대는 사진 조작이 드러나자 "편집 디자이너의 제작상 실수였다"고 했지만, 청와대의 홍보는 매사가 그런 식이라는 걸 이미 많은 국민이 알아버린 걸 어이하랴.

문재인이 누린 'BTS 후광 효과'

7월 20일 코로나19에 집단 감염된 청해부대 장병 전원이 귀국했다. 군의 방역 실패가 부른 비극이었지만, 문재인 정권은 이를 희극으로 만들었다. '오아시스'라는 작전명을 붙이고 "생명과 휴식의 의미"라는 홍보까지 했다. 국방부와 합동참모본부는 "우리 군사 외교력이 빛을 발휘한 사례이자 최단 기간에 임무를 달성한 최초의 대규모 해외 의무 후송 사례"라고 자화자찬을 늘어놓았고,[80] 청와대는 "오아시스 작전에 군 수송기 투입은 문 대통령 아이디어"라고 했다. 『조선일보』 주필 양상훈은 "무슨 TV 드라마를 만드는 것 같다"며 "수송기 외에 무엇으로 장병을 데려오나. 한심한 얘기지만 대중에겐 통한다고 본다"고 했다.[81]

9월 14일 청와대에서 BTS를 유엔 방문 특별 사절로 임명하는 행사가 열렸다. 닷새 후 문재인은 뉴욕 유엔본부 총회장에서 열린 제2차 SDG Moment(지속가능발전목표 고위급 회의) 개회식에서 연설 후 "이 시대에 최고로 사랑받는 아티스트, 미래 세대와 문화를 위한 대통령 특별 사절 BTS의 이야기를 들어보겠다"며 BTS를 직접 소개했다. 연단에 오른 BTS 멤버 7명은 서로 대화하는 형식으로 발언을 이어갔다.

문재인은 개회식 후 유엔 인터뷰 행사에도 BTS와 함께 참석했다. 미국 3대 지상파 중 하나인 ABC방송 인터뷰에도 공동 출연했으며, 부인 김정숙도 뉴욕 메트로폴리탄 미술관 한국실을 방문할 때 BTS를 대동했다. 문재인은 유엔 인터뷰에서 BTS를 특사로 임명한 배경에 대해 "미래 세대, 젊은 세대들의 목소리를 대변하면서 그들이 보다 활발하게 참여할 수 있도록 이끌어내는 역할을 할 수 있다고 기대한다"고 밝혔다.

하지만, 박민영은 『20대 남자, 그들이 몰려온다』에서 "청년들의 눈에는 어쭙잖은 쇼에 불과하다"고 일축했다. 국민의힘이 "쇼는 그만하라"고 비판하자 민주당이 "BTS와 팬클럽 아미에 사과하라"고 주장한 것에 대해서도 그는 "터무니없는 요구"라며 "코미디로 비칠 뿐이다"고 했다. "청년들은 BTS의 성과를 자신과 등치시키지 않는다. 당연히 국가의 이상도 자신과 일치시키지 않는다. BTS가 몇

평짜리 집에 살건, 얼마의 외화를 벌었건 자신과는 아무 관련도 없는 사건이기 때문이다."[82]

하지만 'BTS 후광 효과'는 일반 대중에겐 통했다. 한국갤럽이 9월 28~30일 실시한 여론조사에서 문재인의 지지율은 직전 조사(9월 3주차)보다 2퍼센트포인트 오른 38퍼센트로 나타났으며, 긍정 평가 응답자 가운데는 '외교·국제 관계'(24퍼센트) 비중이 가장 컸다. 이는 지난 조사보다 11퍼센트포인트 증가한 수치로, 문재인이 추석 기간 유엔총회에 참석한 영향으로 보인다고 한국갤럽은 분석했다.[83]

탁현민이 나중에 전한 메트로폴리탄 미술관 방문 뒷이야기는 청와대가 BTS에 집착할 만하다는 생각이 들게 하기에 충분했다. 당초 단순 미술품 기증 의사를 전했을 때는 미온적이었던 메트로폴리탄 측이 대통령 특사인 BTS와 방문 행사를 연계하고 있다는 구상을 언급하자 갑자기 호의적인 태도로 바뀌었다는 것이다. 탁현민은 "(갑을 관계가) 완전히 바뀌었다. 처음에는 간략하게 행사를 하자고 했다가 자기들의 '루프 가든'을 내주고, 여사님이 수장고收藏

庫를 보실 수 있게 배려를 해줬다"고 했다.[84]

'누리호 개발 과학자 병풍' 논란

10월 21일 오후 문재인은 전남 고흥 나로우주센터에서 한국형 발사체 누리호의 발사 참관을 마치고 대국민 메시지를 발표했다. 중요한 국가적 행사였지만, 누리호 과학자들을 "병풍으로 동원했다"는 논란이 일었다. 『중앙일보』는 "대통령의 성명 발표 뒷배경이 허전하자 기획 책임자가 누리호 발사를 담당해온 과학기술자들을 뒤에 '병풍'으로 동원하기까지 했다", "지난 10년여간 누리호 개발을 위해 밤낮으로 했던 고생이 누구에겐 잠깐의 이벤트로 생각하는 것 같아 정말 자괴감을 느꼈습니다"라는 참석자들의 말을 전했다.[85]

이에 현장 의전을 지휘했던 탁현민은 "악마 같은 기사"라고 반발했다. 그는 "대통령 대국민 메시지 발표 시 관계자들이 함께하는 것은 특별한 배려를 담은 의전"이라며

"대통령과 함께 서는 것은 그 자체가 메시지"라고 했다. 이어 "대통령은 여간해서 누구와 함께 서지 않는다"라며 "특별한 격려가 필요하거나 메시지의 주인공만 함께 설 수 있다"고 했다. 또 이는 연설자들의 공통적인 의전 형식이라고 덧붙였다.

탁현민은 기사에서 '이벤트 기획사 직원들이 뛰어다니고 방송 카메라 중계를 위한 무대를 설치하느라 시장통 같았다'라고 밝힌 부분에 관해서 "역사적인 현장과 메시지를 (전하기) 위해 방송하고 그 준비를 하는 것은 당연하지 않나"라고 반문했다. 그러면서 "국민들에게 모든 장면을 가감 없이 생방송하는 것은 행사 담당자들의 의무"라고 했다.[86]

이에 대해 언론사들 간 찬반 논란이 일기도 했지만,[87] 한국형 발사체 개발사업본부의 주역인 전 한국항공우주연구원(항우연)장 조광래의 말을 참고하는 게 좋겠다. 그는 "당시 현장 분위기가 실제로 그랬다. 통제동이 발사를 앞두고 정신없이 바쁘고 신경줄이 잔뜩 조여진 상황이었는데, 청와대 의전팀·경호팀들뿐 아니라 이벤트 기획사 사람들까지 돌아다녔다. 발사 당일 아침에는 통제동 출입까지 일일이 통제해서 연구원들이 들고나기 힘들었다"며 다음과 같이 말했다.

"게다가 발사 후 본부장을 비롯한 항우연 엔지니어들을 40분 이상 뻗치기(대기) 시킨 게 결정타가 됐다. 애초 항우연에서는 발사 현장에 대통령이 오지 않는 게 좋겠다는 의견을 보냈다. 대통령이 발사 현장에 오게 되면 어쩔 수 없이 통제가 많이 이뤄지고, 방해될 수밖에 없다. 다른 나라의 경우 대통령이 발사 현장에 직접 오지 않고 메시지를 보내는 데 그친다. 그게 다 이유가 있는 것이다."[88]

10월 25일 문재인은 마지막 국회 시정연설을 했다. 국무총리가 대신하던 과거와 달리 대통령이 직접 출석해 연설한 건 잘한 일이었지만, 문제는 생중계를 12개 채널에서 했다는 점이었다. 그것도 모든 채널이 똑같이 화면을 나눠, 절반은 대통령 연설 모습, 다른 절반은 연설 내용을 설명하는 '청와대 제공' 그래픽을 보여주었다. 이전 정권에선 못 보던 방식이었다. 『중앙일보』 칼럼니스트 오병상은 "화면은 물론 그래픽 내용까지 똑같다면 12개 방송사가

동시 중계할 이유가 없다"며 "중계 방식은 과거보다 더 권위주의적인 일방통행이었다"고 비판했다.[89]

시정연설 내용도 문제였다. 늘 그래왔듯이 또 자화자찬 일색이었다. 정의당은 "자화자찬 K(케이) 시리즈에 가려진 'K-불평등'은 외면한 연설"이라고 혹평했다. "문 대통령은 K-방역, K-조선, K-팝, K-푸드, K-뷰티, K-반도체, K-배터리, K-바이오, K-수소, K-동맹 등 10가지가 넘는 화려한 K-시리즈 속에 정작 어두운 K-불평등은 말하지 않았다. 정부가 말하는 경제지표는 선진국인데, 왜 시민들의 삶은 선진국이 아닌지에 대해 문 대통령은 그 대답을 했어야 한다."[90]

'모자란 기자' 운운해댄 탁현민의 오만방자함

탁현민의 역할은 의전과 '이미지 정치' 연출에만 그치지 않았다. 그는 문재인에게 타격이 될 일이 생기면 사나운 돌격대 역할을 맡기도 했다. 2022년 1월 하순 야당과 언론이 문재인의 해외 순방을 비판하고 나서자, 그는 24일 자신의 페이스북을 통해 "여행 같은 순방을 다녔었던 야당과 내막을 모르는 일부 모자란 기자들이 순방만 다녀오면 관광이네, 버킷 리스트네 하는 말들을 쏟아내서 아주 지겹게 듣고 있다"며 "모쪼록 대통령과 같은 일정으로 꼭 한 번들 다녀오길 간절히 바란다"고 했다.[91]

"모자란 기자들"? 아니 의전비서관이 이렇게까지 싸가지 없게 굴어도 되는 건가? 그런데 이상한 일이었다. 언론은 의외로 탁현민의 오만방자함에 길들여진 것처럼 보였다. 김정숙이 이집트 방문 당시 피라미드를 관람한 것이 뒤늦게 논란이 되자 탁현민은 2월 3일 다시 페이스북에 이런 오만방자한 글을 올렸다. "버킷 리스트니 어쩌니 하는 야당의 무식한 논평이나, 양국이 합의한 비공개 일정도 호기롭게 공개하며 여사님의 피라미드 방문이 마치 못 갈 곳을 간 것처럼 호도하며 논란 만들기에 최선을 다하는 매체들에게 전한다. 정말 애쓴다."[92]

탁현민의 오만방자함은 『중앙일보』 논설위원 남정호를 화나게 만들었다. 그는 1개월여 후에 『김정숙 버킷 리

스트의 진실: 의혹만 무성했던 김정숙 여사 외유의 실체를 파헤치다』는 책을 출간했다. 남정호는 이 책의 서문에서 "나는 지난 33년간의 기자 생활 동안 기사를 통해 타인을 비판할지언정 모욕은 절대 하지 않도록 조심하고 조심했다. 누구도 다른 이의 품성과 능력을 공개적으로 평가할 자격이 있다고는 믿지 않기 때문이었다. 게다가 평가의 근거가 진실이 아닐 수도 있는데 이를 바탕으로 남을 헐뜯는 것은 위험하기 짝이 없는 일이다"며 다음과 같이 말했다.

"그럼에도 이 비서관은 '모자란 기자들'이라고 했다. 2019년 「김정숙 여사의 버킷 리스트?」란 칼럼을 쓴 당사자가 나인지라, 그가 지목한 '모자란 기자'에 내가 포함될 것은 분명했다. 내막을 모르는 게 과연 나인가, 아니면 그일까. 나는 이 책을 통해 내가 발견한 진실의 몇 조각을 세상에 알리려 한다. 이를 통해 문재인 대통령 부부가 어떻게 국고를 낭비하며 돌아다녔는지, 그리고 이를 제대로 보도하려 한 언론을 어떻게 핍박했는지, 국민이 온전히 깨닫기를 나는 바란다."[93]

청와대는 2019년 「김정숙 여사의 버킷 리스트?」라

는 『중앙일보』 칼럼이 "사실을 왜곡했다"고 공개 비난하며 소송을 제기했다. 이와 관련, 『중앙일보』 기자 강태화는 「불리하면 "가짜뉴스" 들통 나면 '침묵'…이게 문 정부 5년 패턴」이라는 기사에서 "그러자 여권 지지층들이 강하게 반응했고, 논란은 본질인 '외유성 순방'이 아닌 진영 대립으로 변질됐다. 위기를 모면한 청와대는 이듬해 재판에서 졌지만 침묵했다. 이미 관련 논란이 잦아든 시점이었다. 이런 패턴은 굵직한 위기 국면 때마다 활용돼왔다"고 지적했다.[94]

늘 "대통령이 주인공"인 탁현민식 '이미지 정치'

대선이 임박하면서 보기에 민망한 일들이 속출했다. 예컨대, 민주당 대선후보 이재명이 국산 장거리요격체계 L-SAM을 띄우자, 청와대가 "L-SAM 시험 발사 성공"이라며 호응했고, 국방부는 '개발 중인 무기 공개 불가'의 공보 준칙을 어기고 요격 시험도 안 한 L-SAM의 영상을 언론에 배포해 논란을 빚었다. 게다가 L-SAM 영상 도입부에 5년 전 미국 요격 체계의 웅장한 발사 장면을 몰래 집어 넣어 영상 조작 논란까지 일으켰다.[95]

정말 왜 이런 걸까? 이런 일들이 수시로 벌어져도 왜 문재인은 아무런 말이 없었던 걸까? 우문愚問이다. 사실과 진실과는 거리가 먼 '이미지 정치'는 문재인 정권의 속성이 되었고, 이는 문재인의 자화자찬 중독과도 무관치 않았으니 말이다. 문재인의 3·1절 기념사가 그런 자화자찬과 자부심의 압축판으로 흐른 건 결코 우연이 아니었다.

문재인은 "우리는 이제 세계가 공인하는 선진국이 되었다"며 "지난 5년간 위기 극복과 함께 미래를 위한 도전을 멈추지 않았다. 우리는 이제 누구도 얕볼 수 없는 부강한 나라가 됐다"고 강조했다. 문재인은 "대한민국은 세계 10위 경제 대국, 글로벌 수출 7위의 무역 강국, 종합 군사력 세계 6위, 혁신지수 세계 1위의 당당한 나라가 됐다"며 순위를 일일이 거론했고, "주요 7개국G7 정상회의에 2년 연속으로 초대받을 만큼 위상이 높아졌다"고 했다.[96]

다 아름다운 이야기이긴 하지만, 유권자들은 그런 자

화자찬에 호응하지 않았다. 대선 기간 내내 정권 교체 열망이 정권 재창출 열망을 압도했고, 이는 결국 윤석열의 당선으로 이어졌다. 물론 문재인이 높은 임기 말 지지율을 유지하고 있는 건 '이미지 정치'의 성과로 볼 수 있겠지만, 문재인이 그 수준의 성과를 원했을 리는 없다.

전 청와대 의전비서관실 선임행정관 이강래는 "최고의 의전은 VIP(대통령)를 띄우고, 감동시키는 게 아니라 VIP가 만나는 사람, 더 나아가 그걸 뉴스를 통해 보는 국민을 감동시키는 것"이라며 "탁 비서관이 만들어낸 작품(행사)을 보면 문재인 대통령이 약속했던 '국민이 주인공'이 아닌 늘 '대통령이 주인공'이었다"고 지적했다.[97]

그러나 어찌 생각하면 그건 오히려 사소한 문제였는지도 모른다. 누가 주인공이 되건 전반적인 국정 운영이 상식적인 수준만 유지했어도 정권 교체의 열망이 그렇게까지 높진 않았으리라. 문제의 핵심은 '국정 운영의 이벤트화'에 있었다. 부동산 가격 폭등을 비롯해 큰 문제가 터지면 "우리가 혹 잘못하고 있는 건 아닌가"라고 성찰을 하는 대신 문제를 감추거나 호도하는 '이미지 연출'에 청와대의 역량이 집중되었다는 게 가장 큰 문제였다.

한국은 '도덕 쟁탈전을 벌이는 거대한 극장'인가?

윤석열 정권 출범 후 한동안 침묵했던 탁현민은 8월부터 본격적으로 '윤석열 정권 때리기'에 뛰어들었다. 그에게 어떤 문제가 있건 그는 늘 솔직해서 좋았다. 그는 9월 13일 KBS 라디오 〈최강경영 최강시사〉에 출연해 당시 불거진 김건희 장신구 논란과 관련해 "국민의힘이 헬 게이트를 열어버린 것"이라고 주장했다. 이게 무슨 말일까? 그는 "대통령과 여사님의 일 중에 혹은 대통령과 관련된 일 중에 굳이 밝혀지거나 끄집어내지 않아도 되는 일도 있다고 생각한다"며 "건드리지 않아도 되는 부분들을 그쪽(국민의힘)에서 먼저 열었다"고 말했다.[98]

낯 뜨거운 말인지라 해석은 생략하겠다. 독자들께서 각자 판단하시기 바란다. 한마디로 말해서 전쟁이었다. 『중앙일보』 칼럼니스트 이현상은 9월 23일 칼럼에서 "당

대표가 기소된 민주당은 윤 대통령을 총공격하고 있다. '정쟁' 정도가 아닌 '전쟁' 수준이다. 이번에는 대통령의 해외 순방이 포격 대상이다. 코너에 몰린 야당에 외교 일선의 대통령 비판을 자제하는 매너를 기대하긴 어렵다"며 다음과 같이 말했다.

"매끄럽지 못한 대통령의 조문 과정을 난타하는 전선에는 탁현민 전 청와대 비서관이 앞장서 있다. '의전 전문가'답게 문구를 조문록 왼쪽 면에 적느냐, 오른쪽에 적느냐까지 시비를 걸었다. 이만하면 스토커 수준이다. 오죽하면 주한 영국 대사가 '장례식장에 참석한 것 자체가 조문'이라고 말리고 나섰을까."[99]

맞는 말도 아니었다. 탁현민은 조문록 오른쪽에 쓰는 게 맞는다고 주장했지만, 왼쪽 페이지에 쓴 다른 나라 정상들 사진이 수두룩하게 나왔다. 김건희의 베일에 대해 TBS 〈뉴스공장〉의 김어준은 "베일은…장례식에서 로열패밀리만 쓰는 것, 모르시는 것 같아 알려 드린다"고 했지만, 이 또한 사실과 맞지 않은 '거짓말'이었다.

국민의힘 의원 조해진은 "야당은 복상을 놓고 피 튀

기며 싸운 조선의 당쟁이 나라 망해먹은 것을 잊었나. 야당
은 위선적 예송 논쟁으로 상대 정파를 무고하고 모함해 정
권을 찬탈하던 조선 당쟁꾼들의 후예인가"라고 개탄했지
만,[100] 정권을 빼앗긴 고통과 트라우마가 그만큼 컸다는 걸
감안하는 게 좋겠다.

　문재인 정권이 성찰을 하는 대신 문제를 감추거나 호
도하는 '이미지 연출'에 집착했던 심리의 바탕엔 자신들만
이 선하고 정의롭다는 독선과 오만이 자리 잡고 있었고, 이
게 바로 그 지긋지긋한 내로남불의 온상이 되었다. 서울대
학교 철학과에서 8년간 유학한 일본 철학자 오구라 기조는
"한국 사회는 사람들이 화려한 도덕 쟁탈전을 벌이는 하나
의 거대한 극장"이라고 했는데,[101] 이를 드라마틱하게 입증
해준 주인공이 바로 문재인과 문재인 정권 세력이었다.

　도덕 쟁탈전에서 패배한 야당은 적폐 청산의 대상이
었을 뿐 민주주의적 대화나 협치를 할 수 있는 대상이 아니
라는 걸 문재인은 집권 기간 내내 질리도록 실천해왔다. 이
게 바로 그의 높은 임기 말 지지율을 떠받치는 보루가 되었
으니, 이걸 비극이라고 해야 할지 희극이라고 해야 할지 잘

모르겠다.

탁현민에겐 죄가 없다. 가수 윤도현은 『탁현민의 멘션S』 추천사에서 "때로는 탁현민이 우리 무대를 만드는 것이 아니라 우리가 그의 무대를 만드는 것이라는 생각이 들 때도 있다"고 했다. 이 말이 시사하듯 탁현민은 단지 유능했을 뿐이다. 문재인의 도덕적 독선과 오만을 공유하고 실천한 건 그가 문재인 정권에서 일할 수 있었던 조건이었기에 그마저 탁현민을 탓할 일은 아니었다. 같은 이치로 문재인만을 탓하는 것도 공정치 못하다. 그를 원했던 지지자들의 민심을 감안컨대, 오랜 세월 '도덕 쟁탈전'이 전개되어 온 한국 근현대사의 업보라는 점도 잊지 말아야 할 것이다.

제3장

민형배의
'위장 탈당'은
'순교자 정치'
인가?

"괴물이 되어가는 586 운동권 선배님들"

2022년 4월 20일 국회 법제사법위원회 소속 의원 민형배가 민주당을 탈당했다. 그가 무소속이 되면서 민주당은 안건조정위 회부를 통해 '검수완박(검찰 수사권 완전 박탈)' 법안을 추진할 수 있게 되었다. 민주당이 법사위에서 검수완박 법안을 밀어붙인다면, 국민의힘은 합법적 '의사 진행 지연' 수단인 안건조정위 회부를 요청할 수 있다. 그러나 안건조정위는 여야 각 3인으로 구성되는데, 민주당 소속 법사위원장 박광온이 야당 몫 1명을 무소속에 주겠다

며 민형배로 지정하면 안건조정위는 4대 2로 무력해진다는 걸 노린 것이었다.[1]

이에 법사위원장을 지낸 민주당 의원 이상민은 페이스북에 올린 '민형배 의원, 민주당 탈당-법사위 안건조정위 4:2로 무력화하기 위하여'라는 글에서 "고민이 있었겠지만 정치를 희화화하고 소모품으로 전락시키는 것"이라며 "어렵고 복잡할수록 원칙대로 정공법으로 가야 한다"고 호소했다. 그러면서 "국민께서 지켜보고 있다"며 "헛된 망상은 패가망신의 지름길이다. 분별력 있게 합시다"라고 경고했다.[2]

민주당 비상대책위원 조응천은 CBS 라디오 〈김현정의 뉴스쇼〉에서 민형배의 탈당을 "무리수"라고 평가하며 "절차적 정당성이 없으면 민주주의가 무너진다는 말이 있다"고 했다. 그는 "(지난 총선 당시) 위성정당에 대해서 대선 기간 중에 이재명 후보가 몇 번 사과하고 반성하지 않았느냐. 그런데 얼마 됐다고 또 이런 탈당까지, 무리수를 감행하는가"라며 "국민들이 뭐라고 생각하실지 좀 두렵다"고 했다.[3] 박용진은 "민형배 탈당은 묘수 아닌 꼼수"라고 했

고, 이소영은 "명백한 편법"이라고 비판했다.[4]

　범여권으로 분류되는 시대전환 의원 조정훈은 YTN 라디오에 출연해 "목적을 위해서는 어떤 수단도 가능하다는 (태도를) 초등학생들한테 설명 가능할까. 민주주의(국가)를 태어나면서부터 살게 된 분은 받아들일 수 없다"라며 "586 운동권 선배님들이 반독재를 위해서 피 흘려 싸웠는데 이게 민주 독재다. 입법 독재다"고 했다. 그는 "저는 586 이후 세대로서 민주화를 이룬 선배들을 우상처럼 생각했는데 지금은 그 우상들이 괴물이 되어가는 게 아닌지 생각한다"고 했다.[5]

　정의당도 민형배의 탈당을 "대국회 민주주의 테러"라며 강하게 비판했다.[6] 정의당 대변인 장태수는 "민주당은 한동훈 법무 장관 후보자 지명을 대국민 인사 테러라고 했다. 민형배 법사위원 탈당을 대국회 민주주의 테러라고 한다면 뭐라고 답하겠느냐"고 했다. 그는 "두 당이 오직 두 당을 향한 적대감을 재생산해내는 거울 효과에 정치와 국회를 향한 시민들의 혀 차는 소리가 민망할 따름이다"고 개탄했다.[7]

"국민의힘은 난장판 정당"이라는 적반하장

비판이 그렇게 매서웠는데, 민형배는 그걸 전혀 예상하지
못했던 걸까? 그는 무엇을 위해 탈당을 감행했던 걸까? 물
론 그에게도 나름 믿는 구석이 있었을 게다. 광주(광산구을)
를 지역구로 둔 그는 2021년 1월 호남 지역 국회의원 중
에서는 최초로 이낙연 지지 철회와 이재명 지지를 선언한
이재명의 열성 지지자였다. 이재명의 지지자들은 민형배
의 탈당에 후원금을 보내며 응원의 뜻을 전했다.

4월 21일 이재명의 팬카페 '재명이네 마을'에는 민
형배에게 후원금을 보냈다는 인증 샷이 속속 올라왔다. 대
부분 민형배를 응원한다는 의미에서 1,004원이나 1만 4원
을 보냈으며, 5만 원, 10만 원을 후원했다는 인증 샷도 게
시되었다. 이들은 후원 인증 샷을 게시한 뒤 "민형배 의원
님의 용기 있는 선택에 응원을 보냅니다", "대의를 위해 희
생하신 민형배 의원님", "민형배 의원님 돈쭐 내줍시다" 등
의 응원 메시지도 적었다. 민형배의 블로그에 응원 댓글을
달자거나 민형배의 유튜브 채널 구독을 독려하는 움직임

도 있었다. 팬카페의 한 회원은 "민형배TV 구독자가 이제 1만 명인데, 10만 명까지 가보자. 실버 버튼 선물해주자. 우리 민주당원들이 함께한다는 걸 보여주자"고 호소했다.[8]

이런 응원에 고무된 민형배는 4월 26일 검수완박법 안건조정위 무소속 위원으로 참석해 8분 만에 찬성 의결을 통과시켜 안건조정위를 무력화시키는 데 결정적 기여를 했다. 그는 '위장 탈당'이라는 비판에 대해 "탈당은 바른 선택이라는 확신이 있고 누군가 감당해야 할 일이기에 묵묵히 참고 있을 뿐이고 검찰 정상화를 위해 온갖 비난도 감내해야 할 제 몫"이라고 항변했다. 그러면서 "국민의힘은 정말이지 난장판 정당"이라고 비난하기도 했다.[9]

그러나 민심은 민형배의 생각과는 다른 판단을 내렸다. 5월 2~4일 검수완박 법안의 국회 통과 직후 엠브레인퍼블릭 등 4개 기관의 공동 여론조사에서 검수완박 입법에 대한 부정 평가가 52퍼센트나 되었고, 긍정 평가는 33퍼센트에 그쳤다.[10] 물론 이런 여론조사 따위에 흔들릴 민형배는 아니었다. 5월 9일 법무부 장관 후보 한동훈 인사 청문회에서 국민의힘 의원 조수진이 한동훈에게 "위장 탈당은 위장 전입과 다르지 않은 것이므로 처벌해야 하지 않겠느냐"라고 질문하자, 민형배는 발언 기회를 받아서 다음과 같이 강하게 항변했다.

"제가 뭘 위장 탈당을 했습니까. 뭘 위장했습니까. 탈당 안 해놓고 탈당했다고 했습니까. 저는 지금 민주당 소속이 아니예요. 탈당했잖아요. 그런데 위장 탈당이라고 해요? 여기가 무슨 언론사 데스크인 줄 아십니까? 어디다 복당 약속을 했다는 말이에요? 봤어요? 확인했어요?"[11]

나는 이 당당한 모습을 TV로 지켜보면서 많은 생각을 했다. 일순간 '적반하장賊反荷杖'이라는 생각이 들었지만, 그간 그를 매우 높게 평가해온 처지인지라 "무슨 깊은 뜻이 있길래 저렇게 당당한 걸까?"라는 의문을 품으면서 판단을 보류하기로 했다. 내가 왜 그를 높게 평가했는지에 대해선 나중에 이야기하기로 하자.

'위장 탈당'이 아니라고 우긴 민형배

상황은 민형배에게 불리하게 돌아가고 있었다. 5월 12일 민형배가 자신의 지역구인 광주 광산구을에서 민주당 소속으로 지방선거에 출마하는 후보들에 대한 공천장 수여식에 참석했으며, 인사말을 통해 후보들을 격려하고 기념촬영까지 했다는 게 알려졌다. 이어 민주당 광주광역시장후보 강기정 선거대책위원회의 공동 상임선대위원장으로 이름을 올렸다는 것도 알려졌다. 이에 국민의힘은 민형배를 향해 "위장 탈당이 명백해졌다"며 "국민과 광주 시민을 기망하는 행위"라고 비판했지만, 민형배 측은 "탈당과 선거운동은 별개"라며 "선거운동은 당 소속과 상관없이 누구나 할 수 있다"고 반박했다.[12]

민형배는 5월 13일 자신의 페이스북에 온라인 카페 '여성시대' 회원들에게서 감사패를 받은 선물을 올린 뒤 "검찰을 정상화하겠다는 더불어민주당의 집단 의지를 관철하기 위한 정치적 결정을 했고, 후회하지 않는다"며 "보내주신 꽃과 응원으로 의원실은 넉넉하고 화사하다"고 말했다. 그는 "'여성시대', '재명이네 마을', '민주당 2030 여성 당원들' 그리고, 모든 주권자 시민께 감사드린다"고 덧붙였다. 그는 검찰 개혁과 민주당의 처지를 설명하는 과정에서 "더불어민주당은 이제 야당의 옷을 입었다. 재빨리 적응하고 '야당답게' 잘하겠다"고 말함으로써 사실상 민주당 의원의 행보를 보여주고 있다는 비판이 다시 제기되었다.[13]

이상한 일이었다. 그 정도면 자신의 '위장 탈당'을 흔쾌히 인정하면 될 일인데, 그는 한사코 그걸 거부했으니 말이다. 스스로 생각해도 그게 좀 억지스럽다고 생각한 건지는 모르겠으나, 5월 15일 페이스북에선 조금 다른 자세를 취했다. 그는 특정 언론이 자신을 비판한 보도 화면을 캡처해 올리면서 "너나 잘하세요"라며 "나는 검찰 권력 정상화와 민주당 DNA 이 두 가지 정체성을 실현하기 위해 민주당을 탈당했다"고 적었다. 그는 이어 "누구든 당적을 불문하고 특정 정치인이나 정치 세력을 지지할 수 있다. 무소속은 정당 소속이 없다는 것뿐, 정치적 의사결정까지 없는 것은 아니다"며 "나의 '민주당 친화'는 굳이 언론이 나서

시비 걸 일이 아니다. 그게 원래 나의 정치적 DNA이기 때문"이라고 했다. 그러면서 "나는 검찰 권력 정상화에 비상한 수단을 썼다. 그것을 '편법', '꼼수'라고 비난한다면 감수하겠다"며 "같은 상황이 온다 하더라도 나는 주저 없이 비상한 수단을 쓸 것이다. 내가 감수해야 할 비난보다 검찰 권력 정상화로 얻을 공익이 훨씬 더 크다고 보기 때문"이라고 했다.[14]

그러나 그렇게 생각하지 않는 사람이 더 많았다. 시간이 흐를수록 그의 위장 탈당에 대한 비판은 많아졌으며, 민주당 내에서도 그러했으니 말이다. 광주에서 초중고교를 나온 철학자 최진석은 「인간적이라는 것」이라는 『중앙일보』(5월 27일) 칼럼에서 민형배의 위장 탈당에 대해 "제도를 지켜주는 울타리인 신뢰를 무너뜨렸다. 우리는 여전히 이것을 정의라고 공개적으로 칭송하는 사람들이 적지 않은 수준을 살고 있다. 이렇게 눈을 질끈 감고 제도와 법이 주는 작은 승리는 얻었을지 몰라도, 제도와 법의 토대를 허무는 반문명적인 큰 패배를 자초하였다"며 다음과 같이 말했다.

"진영의 노예가 되어 염치를 아는 더듬이가 부러져서 향원으로 전락한 결과다. 이렇게 되면, 무엇이 부끄러운 일이고, 무엇이 명예로운 일인지 알 길이 없으니, 정치는 조타수 없는 배와 다를 바 없게 된다. 정치가 그러하면, 나라가 그렇게 된다. 왜 지식인들이 쉽게 부패하는가? 왜 창의적 기풍이 더딘가? 왜 정치가 줄곧 실패하는가? 왜 진영에 갇혀 꼼작 못하는가? 왜 천박해지고도 당당한가? 무슨 일을 하든지 간에 사전에 먼저 배웠어야 할 것을 배우지 못했기 때문이다. 양심, 염치, 수치심 등과 같은 '인간적인 것'들이다."[15]

"민형배, 낙동강 오리알 되나"

6·1 지방선거는 국민의힘의 대승으로 끝났으며, 검수완박 입법이 민주당의 패배에 일조했다는 진단이 나왔다. 무소속으로 전남 영광군수에 당선된 강종만은 "검수완박만 해도 현장에 가보면 '다수당 횡포 아니냐', '소수 의견을

수렴해 공감대를 형성했어야 한다'고들 하신다"며 "유권
자를 '표 찍는 기계'로만 보고 가까이 다가가지 않아 못 들
은 것"이라고 했다.[16]

민주당 내에서도 민형배와 같은 '처럼회(민주당 강성
초선 의원 모임)' 소속 강경파의 책임론이 불거지자, 민형배
는 6월 6일 MBC 라디오에서 "문제를 풀어보려고 적극적
으로 나서는 사람들을 강경파라고 하면 강경파 아닌 것이
이상하다"면서 "강경파로 '처럼회'를 지목하고 거기다 검
수완박을 뒤집어씌우는 건 정말 옳지 않다"고 주장했다.
그는 진행자가 '(일각에서는) 민 의원의 탈당까지 지방선거
패배 원인으로 연결 짓는다'고 하자 "이 문제를 볼 때 개인
적인 문제로 보는 건 정말 안 맞는다"며 "당론이었고, 당시
풀어야 할 중요한 과제였다"고 했다.

민형배는 민주당 복당 계획에 대해 "복당해야죠"라
며 "그런데 아직 당에서 복당하라고 요청이 들어오지 않아
서 기다리고 있는 중"이라고 했다. '복당을 신청한 것이냐'
는 물음에는 "지금 신청돼 있는 건 아니고, 당에서 요청이
있으면 하겠다"며 "왜냐하면 1년이 지나야 복당할 수 있

다"고 했다. 그러면서 "특별한 조치가 필요하다"며 "당무위원회 의결 같은 것이 있어야 될 것"이라고 했다.[17]

6월 8일 민형배가 민주당에 복당을 신청한 것으로 확인되었지만, 여론이 워낙 안 좋아 지도부가 그의 복당을 부담스러워하는 것으로 알려졌다. 민주당 비상대책위원장 우상호는 12일 기자간담회에서 '민 의원 복당을 요청할 생각이 있느냐'고 묻자 "없다"고 답했다. 그는 "검수완박 법안 관련 문제가 헌재에 제소돼 있다"며 "적어도 헌재 결정이 내려질 때까지 (입법) 과정과 관련돼 있는, 절차와 관련돼 있는 것들의 현상 변경을 가져가는 건 대한민국 헌법에 정해져 있는 체계상 바람직하지 않다고 생각하기 때문"이라고 설명했다. 이어 "나는 검수완박을 하는 과정에서 민형배 의원의 헌신과 노력에 대해서도 평가하고 있지만 이 문제는 헌재 판결이 내려지는 게 먼저 아니냐고 생각한다"고 덧붙였다.[18]

민주당 당권 주자들도 민형배의 복당에 잇따라 부정적인 입장을 밝혀 '낙동강 오리알'이 될지도 모른다는 관측까지 나왔다. 강병원은 6월 30일 라디오에서 "위장 꼼수 탈당은 우리 민주주의 규범을 깨뜨리는 행위"라며 "민 의원을 안 받아야 한다"고 했다. 그는 "검수완박을 민주당이 강행해 국민들이 얼마나 비판했느냐"라며 "이후 여론조사가 10%씩 떨어졌다"고 했다.

박용진도 이날 언론 인터뷰에서 "무소속 윤미향 의원의 제명 문제, 민형배 의원의 복당 문제가 국민이 새로운 민주당을 판단할 중요한 가늠자가 될 것"이라며 "하물며 당내에서 민 의원을 복귀시켜야 한다는 얘기까지 나오고 있다"고 했다. 그는 "국민이 볼 때는 이런 목소리가 전형적인 내로남불이자 국민을 무시하는 목소리로 비치는 것"이라며 "아무리 민주당이 '우리 달라졌어요'라고 말로 얘기해봤자 국민들은 이 두 사안을 어떻게 처리하느냐로 민주당을 판단할 것"이라고 했다.[19]

민형배와 이재명의 화기애애한 상호 극찬

그러자 '처럼회' 소속 의원들이 민형배를 옹호하면서 복당을 주장하고 나섰다. 장경태는 "민 의원의 복당은 희생에 대한 보상이 아니라 제자리로 바로잡아야 할 절차"라고 했고, 유정주는 "민형배 의원은 검찰 개혁이라는 소명을 다하기 위해 살신성인殺身成仁 했다"면서 "민 의원의 탈당은 절차적 정당성이라는 표면적 이유를 무기 삼아 기득권을 공고히 한 검찰을 국민의 검찰로 되돌려 놓기 위한 대승적 결단이었다"고 주장했다.[20]

이에 대해 전 민주당 비상대책위원장 박지현은 페이스북에 "장경태 의원이 민형배 의원의 복당을 촉구했는데, 국민의 시선은 개의치 않는 것 같다"며 "편법을 관행으로 만들어 선거 패배의 원인을 제공했던 일에 대한 책임과 반성도 찾아볼 수 없다"고 비판했다. 그러면서 "국민을 보고 정치를 하는 건지, 팬덤의 비위를 맞추려고 정치를 하는 건지 알 수 없다"며 "내로남불과 온정주의와 팬덤 정치 때문에 세 번이나 선거에 지고 말았다"고 썼다.[21]

민형배는 7월 1일 페이스북을 통해 "전당대회를 앞두고 저의 복당 여부를 이슈화하려는 시도가 있다"며 "전당대회 과정에서는 누구든 거론하지 않았으면 좋겠다. 특히 악용하려는 시도가 있다면 그건 반칙이고 배신"이라고 밝혔다. 그는 "다만 한 가지는 분명히 말씀드린다"며 "저의 탈당을 압박 수단으로 삼아 의장 주도 여야 합의안이 나왔고, 지난 4월 30일 검찰청법과 형사소송법 일부 개정법률안이 본회의를 통과했다"고 했다. 그러면서 "모든 민주당이 찬성한 법안"이라며 "저의 탈당과 복당에 뭐라 말하든 민주당 의원이라면 이 법안을 스스로 부정하지 말기 바라며 복당 반대가 표가 될 것이라는 오판도 함께 거둬주시면 좋겠다"고 했다.[22]

이에 국민의힘 청년최고위원 김용태는 "야바위 짓으로 민주주의를 깡그리 무시한 민형배 의원의 뻔뻔한 복당 언급도 어처구니가 없지만, 이를 대하는 민주당의 모습 또한 이렇게 뻔뻔할 수 있나 싶다"고 비판했다. 그는 자신의 페이스북을 통해 "부끄러움도 모르고 복당을 주장하는 장경태, 유정주 의원이나 복당은 민주당 지도부의 몫이라며 부끄러운 줄 모르고 의기양양한 민형배 의원의 모습들을 보다 보니 기가 찰 따름"이라며 "국민은 안중에도 없고 자기들끼리 짜고 치는 고스톱이나 벌이고 있는 것"이라며 비

난했다.[23]

그러나 민형배는 여전히 당당했다. 그는 7월 25일 자신의 페이스북에 글을 올려 "행안부가 법제처에 경찰국 신설 법령의 입법 예고 기간 단축을 요청했다"며 행정안전부 장관 이상민을 "'확신범'으로 보인다"며 공격했다. 그는 "해임 건의를 한다고 해서 받아들일 정권이 아니다. 탄핵 밖에 답이 없다. 추진해야 한다"며 "제발 민주당은 '역풍', '속도 조절', '여론의 추이' 같은 소리 않기를 바란다. 그냥 해야 한다"고 요구했다.[24]

민형배는 민주당 복당에 대해선 너무 걱정하지 않아도 될 것 같았다. 민형배가 호남 지역 국회의원 중에서는 최초로 이낙연 지지 철회와 이재명 지지를 선언했던 걸 잊지 않고 있는 사람이 있었으니 말이다. 누군가? 물론 이재명이다. 그는 8월 3일 민주당 대표 후보 토론회에서 "그것은('검수완박' 법안 처리) 민 의원 개인 이익을 위해 한 일이 아니다"라며 "민주당의 개혁 진영의 소망을 실현하기 위해 희생한 것이고 저도 그렇게 판단한다"고 했다.[25]

이제 이재명은 당 대표가 되었으니, 민형배에게 남

은 건 기다림뿐이었다. 그는 9월 28일 이재명의 국회 연설에 대해 "국회에서 직접 들어본 대표 연설 가운데 품질 최고다. 현실 진단이 정확하고 방향 설정도 제대로다. 바탕에 깔린 철학이 바르고 품격도 있다"고 극찬했다.[26] 화기애애한 상호 극찬이었다.

"정권 장악을 위해 착취당하는 광주"

민형배의 위장 탈당과 관련된 그간의 전개 과정과 논란을 소개한 게 너무 길어졌다. 이제 내가 그를 매우 높게 평가했던 이유를 말씀드릴 때가 되었다. 내가 그를 처음 만난 건 그가 광주광역시 광산구청장 시절이던 2013년 10월에 출간한 『자치가 진보다』는 책을 통해서였던 것 같다. 나는 그의 다음 진술이 마음에 들었다.

"민주정부 10년을 거치고도 광주는 그냥 광주에 머물러 있다. 광주·전남에 연고를 둔 정치 엘리트, 고위 관료, 일정 규모 이상의 기업 등이 잠깐 동안 괜찮은 기회를 누렸을 뿐이다. 이 진실을 뒤집으면, 정치권력을 '빼앗긴' 현재 직접적으로 타격을 받는 사람들은 광주·전남 시도민이 아니다. 한때 괜찮은 기회를 누린 그들이 기회를 박탈당했을 뿐이다."[27]

맞다. 이게 바로 호남의 문제요, 한국 정치의 문제다. 이어지는 그의 말을 더 들어보자.

"그들의 기회 박탈을 우리 모두의 기회 박탈로 포장한 다음, 지역의 유권자를 중앙 정치에 동원했던 것이 지금껏 우리 지역에서 벌어진 정치 행태였다.……이 과정에서 우리는 자치와 지역을 잃었다.……선거가 민주주의의 꽃이라면, 자치는 민주주의의 뿌리이다.……한국의 민주주의는 투표하는 날 하루만 작동하는 '선거 민주주의'에 머물러 있다."[28]

나는 2015년 1월 광주 투게더광산 나눔문화재단 강연회에 초청되어 "우리 마음속의 6·25: 우리는 언제까지 '전쟁 같은 삶'을 살아야 하나?"라는 주제로 강연을 한 적이 있다. 나는 강연회에 참석한 시민들과 대화를 나누면서 민형배가 얼마나 괜찮은 구청장인지에 대해 많은 이야기를 들었다. 내가 그런 이야기를 통해 판단하기론, 그는 수단과 방법을 가리지 않는 '전쟁 같은 정치'에도 단호히 반대할 인물이었다.

민형배가 2015년 12월에 출간한 『내일의 권력』이란 책도 눈여겨볼 만하다. 그는 이 책의 출간 후 가진 『한겨레』 인터뷰에서 "정권 교체를 외치는 것이 유일한 정치 행위가 되어버린 야당에 불만을 쏟아내려고 쓴 책이다"며 "권력을 분해해 다시 짜야 한다. 시민과 지역이 권력을 가져야 한다. 그래야 대의제 선출직도 제대로 작동할 수 있다"고 말했다. 그는 "대통령과 중앙정부만 권력으로 인식하는 것이 문제"라며 "사회 권력과 자치 권력이 내일 권력의 그릇이어야 한다"고 역설했다. "야당이나 지지층 모두가 지금 이 자리에서 할 일을 찾지 못하고 '다음 대선'만 손꼽아 기다리며 정치의 진공 상태를 만들고 있다"는 것이다.[29]

민형배가 여전히 광산구청장(재선) 시절인 2017년 12월에 출간한 『광주의 권력』도 아주 멋진 책이다. 특히 이 책의 제7장 제목이 가슴에 팍 와닿았다. "민주화 이후 민주주의에 뒤처진 광주." 아, 늘 내가 쓰고 싶은 글의 주제였다. 나는 호남, 특히 광주의 정치적 성향과 선택에 대해 하고 싶은 말이 많다. 좋건 나쁘건 바로 그게 한국 민주주의 발전의 발목을 잡고 있다고 생각하기 때문이다. 그러나 나는 쓰지 못했다. 쓸 수 없었다. 내게 그럴 자격이 없다고 생각했기 때문이다.

아마도 나 같은 사람이 많을 게다. 광주에 대해 "저건 아닌데……"라고 생각하면서도 그런 생각을 입 밖에 낼 수 없는 사람들은 꼭 비겁하거나 소심해서 그런 건 아니다. 고통받지 않은 사람이, 그것도 사실상 그 고통을 피해 살았던 사람이, 고통받은 사람들의 정치적 성향과 행태에 대해 비판적으로 말하는 건 예의가 아니다.

그러나 민형배에겐 그런 자격이 있다고 믿었기에 큰 기대를 걸었다. 그는 광주 시민사회 원로들의 추천을 받아 노무현 정부의 청와대에 들어가 국정 홍보·인사 관리 행정관, 사회 조정 비서관으로 일했을 정도로 지역사회의 신망을 받고 있는 인물이 아니었던가. 하지만 앞서 언급한 글에서 '민주화 이후 민주주의에 뒤처진 광주'에 대한 적나라한 고발과 비판을 자제한 걸로 보아 그 역시 자격 문제에 발목이 잡히고 말았던 것 같다. 그럼에도 나는 그에게 성찰이 펄펄 살아 있는 게 좋았다. 다음 말씀은 원론적인 수준의 의견 표명일망정 감동적이지 않은가?

"형식 민주주의가 정착한 이후에 '민주화의 성지'는 민주당 계열 정당이 독식하면서 정치적으로 '착취'당했다. 광주 시민의 열정은 광주를 위해 쓰이지 못하고 전국 정치 연료로 징발당했다. 대통령 선거, 국회의원 선거를 휩쓴 구호는 언제나 정권 교체였다. 광주는 없었다. 심지어는 지방 선거를 하는데도 정권 교체의 대의를 위해 한 표 행사를 강요받았다."[30]

'위장 탈당'과는 거리가 먼 권력관

평소 광주를 비롯한 호남 전역에서 저질러지고 있는 '민주당 1당 독재'에 대해 강한 문제의식을 갖고 비판을 해오던 나로선 동지를 만난 것 같은 기분이었다. 나는 민형배가 자신이 옳다고 생각하는 한 호남 정서에 반하는 정치적 행보도 얼마든지 걸을 수 있을 것이라 믿었기에 그의 리더십하에 호남 정치가 달라지기를 기대했다. 물론 나의 기대는 배신당했다. 그는 기존 호남 정서를 강화하는 쉬운 방향으로 강경 노선을 내달렸으니 말이다.

내가 민형배의 책 3권을 소개한 이유는 민형배의 권력관과 정치철학의 일면이나마 소개하고 싶어서였다. 독자들께선 이미 판단하셨겠지만, 그의 권력관과 정치철학은 위장 탈당과는 거리가 멀다. 멀어도 너무 멀다. 위장 탈당은 좋은 목적을 위해선 수단과 방법을 가릴 필요가 없다는 마키아벨리즘의 관점에선 이해될 수 있겠지만, 민형배는 시종일관 사회 권력과 자치 권력의 중요성을 강조하면서 절차적 정당성의 가치를 외쳐온 사람이다. 게다가 그는 광주가 정권 교체의 도구로 착취당해온 것에 대해 분노해온 사람이 아닌가?

그런데 내가 그렇게 보았던 그가 어쩌자고 '위장 탈당'을 한데다 그걸 전혀 부끄러워하지 않고 당당하게 큰소리를 쳤던 것인지, 그리고 '후안무치'니 '야바위 짓'이니 하는 비난에 역공을 펼 정도로 하늘 우러러 한 점 부끄러움

없는 듯 행세했던 걸까? 그의 그런 행위를 진정성이 있는 걸로 받아들인다면, 우리는 그걸 어떻게 이해하고 설명할 수 있는 걸까?

누가 시킨 건 아니었지만, 나는 그런 고민으로 골치가 아팠다. 그러다가 그가 6월 15일 페이스북에 올린 글에 새삼 주목하게 되었다. 민주당 내에서 '처럼회 해체론'이 등장한 것에 대한 강한 반론이었다. 그는 "처럼회는 개혁을 중시하는 의원 20명 정도가 함께 참여하는 연구 모임이다. 굳이 분류한다면 계파가 아닌 정파"라며 "순교자까지는 몰라도 개혁에 헌신하려는 적극성을 갖고 있다. 해체를 거론할 게 아니라 되레 응원과 격려가 필요하다"고 주장했다.

이어 민형배는 공격 모드로 전환해 "개혁을 중시하다 보니 수구 언론이 '강경파'로 분류하고 있다. 개혁의 적절성과 정당성을 따지는 것은 필요하나 개혁 자체를 '강경'으로 몰고 가는 건 정말 엉뚱하다. 수구 언론의 '전형적인 토끼몰이' 작전"이라며 언론 탓을 했다. 이에 강성 지지자들은 "수구 언론이 (만든) 프레임과 이간질에 놀아나지 말자"며 '처럼회' 해체를 주장하는 다른 의원들을 '수박', 즉

'겉은 푸르면서(민주당 상징색) 속은 빨간(국민의힘 상징색) 정치인'이라고 비난했다.[31]

처럼회가 개혁파라는 주장인데, 노무현 정부에서 청와대 홍보수석을 지낸 이화여자대학교 교수 조기숙이 바로 전날 페이스북에 올린 다음 글에 동의하는 사람이 더 많지 않았을까? "처럼회가 개혁을 했다고? 무슨 개혁이냐? 한동훈 (법무부 장관) 영웅 만들기, 검수완박(검찰 수사권 완전 박탈)으로 지방선거 참패에 기여한 게 개혁인가? 처럼회가 해리 포터라도 되나? 입으로 주문만 외우면 개혁이 이뤄지게."[32]

증오와 적개심을 키우는 '순교자 정치'

민형배의 글에 등장한 개혁이라는 단어도 듣기에 좀 민망했지만, 내 눈에 번쩍 뜨인 건 '순교자'라는 단어였다. 이 단어는 전날 처럼회의 핵심 멤버인 황운하가 쓴 것이었다. 그는 처럼회 회원들을 "시대적 과제라 볼 수 있는 정치 개혁이나 검찰 개혁 과정에 기꺼이 순교자가 될 수 있다는 헌신의 각오가 돼 있는 분들"이라고 말했다.[33] 서기 2022년에 순교자라는 말을 듣게 되다니 놀랍다 못해 어이가 없었다. 그렇다면 민형배는 순교자의 마음으로 위장 탈당을 했다는 걸까? "순교자까지는 몰라도 개혁에 헌신하려는 적극성을 갖고 있다"는 그의 말은 자기 겸양으로 이해하는 게 옳을지도 모르겠다.

20여 명의 처럼회 회원 가운데 가장 순교자 이미지가 강해 보이는 사람을 고르라면 나는 민형배를 택하련다. 늘 진정성이 흘러넘치는 그의 얼굴과 더불어 그의 강한 '운동권 콤플렉스'를 잘 알고 있기 때문이다. 그는 『자치가 진보다』에서 "나는 고난 받지 않은, 소심한, 소극적인 운동권이었다"며 자신에게 그런 '운동권 콤플렉스'가 있다고 고백했다. 그는 "어두운 시절에 진 빚을 조금이라도 갚고 싶었다"며 이 콤플렉스를 동력으로 삼아 정치를 하고 있다고 했다.[34]

그렇다면, 민형배의 위장 탈당은 유정주의 말마따나 "검찰 개혁이라는 소명을 다하기 위한 살신성인殺身成仁"이었는지도 모르겠다. 아니 나는 그렇게 믿고 싶다. 지지를 보낼 순 없어도 경의를 표하는 게 옳겠지만, 나는 그가 그런 식으로 '소비'되는 게 안타깝다. 영국 작가 조지 버나드 쇼는 "순교자가 되는 것은 능력 없이 유명해질 수 있는 유일한 방법이다"고 했는데,[35] 민형배는 광주에 비해 경쟁이 더 치열한 서울에선 보여줄 자신의 능력이 없었던 걸까?

그 진실이 무엇이건, 나는 위장 탈당으로 대변되는 그의 최근 정치 활동은 "자치가 진보"라는 자신의 대원칙에서 크게 이탈한 것임을 지적하지 않을 수 없다. "자치가 진보"라는 건 기초자치단체장 시절에나 할 수 있는 말이고, 금배지를 달고 나면 자치는 잊어야 하는가?

광주를 비롯한 호남의 '1당 독재'가 지역사회를 병들게 하고 있는 문제는 어찌할 것인가? 호남이 정권 장악의 도구로 착취당해온 것에 대한 그의 분노는 어디로 갔는가? 검수완박을 하면 이 문제가 해결될 수 있는가? 자신의 정치 언어를 돌아보시라. 순교자의 비장미와 더불어 강한 증오와 적개심이 흐르고 있다. 현실 세계에서 순교자는 그 어떤 장점에도 순교하지 않는 사람을 낮춰 보는 독선에서 자유롭지 못하다. 처럼회는 물론이고 민주당이 살려면 지금까지 해온 '가짜 순교자 정치'에서 탈출해야 한다.

민형배에게 "자치가 진보"라는 대원칙이 여전히 유효하다면, 이제는 자치를 신봉하는 지역 정당에 눈을 돌려야 할 때가 아닌가? 서울에 중앙당을 두고 5개 이상의 시·도당을 설치해야 정당 등록을 받아주는 기존 정당법을 바꾸는 데에 민형배가 앞장서야 하지 않겠는가? 민주당에 복당하기 위해 애쓰지 마시라. 원래 이렇게 되게끔 의도한 건 아니었을망정 그의 무소속 신분은 축복일 수 있다. "자치가 진보"임을 실천하면서 널리 전파하는 데엔 무소속 신분이 훨씬 더 유리하고 바람직하다. 아직 민형배에 대한 기대를 포기할 수 없기에 이런 글을 쓰게 되었음을 이해해주시기 바란다.

제4장

왜
윤석열과 김건희는
자주 상식을
초월하는가?

여기 제4장엔 앞의 장章들과는 달리 「윤석열, '건희의 남자'로만 만족하는가?」, 「윤석열, '부정적 당파성'의 약발이 떨어졌다」, 「윤석열 정권은 '둔감 정권'인가?」, 「김건희는 민주당의 복덩이인가?」, 「윤석열과 김건희는 어떤 세상에 살고 있나?」 등 독립적인 글 5편을 실었다. 모두 다 언론 기고문인데, 현 시점에 맞게 수정하지 않고 기고했던 당시의 글을 그대로 게재했다. 2022년 7월 12일에서 9월 19일까지 약 두 달간의 기간인데, 다시 읽어보니 내 생각의 변화를 느낄 수 있었다. 자주 상식을 초월하는 반지성주의 면모를 드러내는 윤석열·김건희 부부가 달라지기를 바라는 마음으로 쓴 글들이지만, 시간이 흐를수록 포기하는 마음이 강해진 게 느껴진다. 고대 그리스 사상가 헤라클레이토스는 "성격은 인간의 운명"이라고 했는데, 아무래도 그 말을 믿어야 할 것 같다.

윤석열, '건희의 남자'로만 만족하는가?

점입가경이다. 대통령 윤석열의 실언 퍼레이드가 말이다. 최근의 실언 중 압권은 지난 5일 인사 부실 검증에 대한 취재진 질문에 "전 정권에서 그렇게 훌륭한 사람 봤나"며 강하게 반박한 것이다. 이 실언에 대해 많은 비판이 쏟아졌지만, 가장 인상적인 건 집권 여당인 국민의힘 대변인 박민영의 비판이었다. 그는 '문재인 정부보다는 낫다'는 식의 인식이 안고 있는 문제점을 지적하면서 "여야가 50보 100보의 같은 잘못을 저지르고 서로를 '내로남불'이라 지적하는 작금의 상황은 부끄러움을 넘어 참담하기까지 하다"고 비판했다.

29세의 나이가 보여줄 수 있는 청춘의 힘인가? 정당의 대변인은 어떻게 해서건 반대편 정당과 정치인에게 타격을 입힐 수 있는 독한 언어를 만들어내 난사하는 직업인 줄 알고 있었는데, 젊은 박민영이 뜻밖의 모습을 보여줘 반가웠다. 그런 자세를 유지하는 데엔 온갖 어려움이 따르겠지만, 부디 변치 말고 기존 정당 대변인 문화를 개혁하는 선구자가 되어주시길 기대한다.

그런데, 윤석열의 그 발언은 실언이 아닐 수도 있다. '실언失言'이라 함은 실수로 잘못 말하는 걸 뜻하는데, 그 발언은 실수가 아니라 윤석열의 진심이며, 그는 지금도 도대체 뭐가 문제라는 건지 이해하지 못할 수도 있다. 사실 이게 더 큰 문제다. 더 이해할 수 없는 건 부인 김건희와 관련된 문제다. 가끔 상식을 초월하기도 하는 윤석열의 모든 한계와 결함이 바로 이 문제에 농축되어 있다고 해도 과언이 아니다.

김건희 이야기를 하긴 조심스럽다. 대통령의 부인이라서 그런 게 아니다. 그간 엄청나게 양산된 김건희 비판 중엔 이른바 '줄리 논란'처럼 여성 차별적 시각에 근거한 것이 많은데다, 일부 페미니스트들조차 정치적 당파성에 압도된 나머지 이런 시각에 침묵하거나 오히려 일조해왔기 때문이다.

작가 오진영은 『중앙일보』(6월 28일)에 기고한 「윤 지지자조차 "치맛바람에 폭망"…김건희 향한 여혐 심하다」는 글에서 "현 정부 반대파는 말할 것도 없고, 윤 대통령을 찍은 지지자들마저 '와이프 좀 어떻게 해라, 이러다 큰일 난다'고 우려의 목소리를 높인다. SNS에는 '치맛바람 못 일으키게 초장에 주저앉히지 않으면 윤석열 정부는 폭망'이라고 외치는 친親국민의힘 스피커들이 수두룩하다. 종손에게 몰려가 '아내(혹은 며느리) 간수 못해 가문에 먹칠하는 날엔 가만 안 두겠다'고 윽박지르는 갓 쓴 노인들 같다"며 다음과 같이 말한다.

"김 여사에 대한 부정적 여론은 사실 어제오늘 일이 아니다. 대선 기간 내내 윤 후보의 가장 무거운 부담이었다고 해도 과언이 아니다. 와이프 탓에 출마를 못 할 거라고 했고, 그다음엔 와이프 탓에 완주를 못 할 거라 했고, 막판까지도 와이프 탓에 질 거라 했다. 더불어민주당을 지지하는 강성 유튜버들이 '줄리' 운운하며 김 여사 과거와 관련한 해괴한 여성 혐오 루머를 퍼뜨리는 동안 여성운동 경력을 바탕으로 국회의원 배지를 단 민주당 여성 정치인 누구도 이를 말리지 않았다. 못 본 척하거나 오히려 거들어 부추겼다."

나는 김건희에 대한 비판의 상당 부분이 여성 혐오적 편견에서 비롯되었다는 오진영의 주장에 동의한다. 더 나아가 나는 '줄리 논란'에 대한 여성계의 대응이 '피해 호소인 사건'과 더불어 한국 페미니즘의 흑역사로 기록될 거라고 생각한다. 하지만 그 모든 걸 충분히 감안하고 들어간다고 해도 최근 김건희의 행보엔 문제가 많으며, 이는 김건희보다는 윤석열에게 더 큰 책임이 있다는 게 내 생각이다. 그런데 이런 주장이 "아내(혹은 며느리) 간수 못해 가문에 먹칠하는 날엔 가만 안 두겠다"는 주장과 비슷하게 여겨질까봐 그게 염려되고 그래서 조심스럽다는 것이다.

민주당 비상대책위원장 우상호는 지난 6일 윤석열 부부의 북대서양조약기구NATO 정상회의 출장길에 대통령실 인사 비서관 부인의 동행에 대해 비판하면서 "김(건희) 여사를 통제할 수 있는 사람이 하나도 없는 것 같다. 대통령도 제어를 못하는 것 아니냐"고 했다. 맞다. 모처럼 우상호가 옳은 말을 했다.

통제의 문제는 "남편은 아내를 장악해야 한다"는 따위의 옛날이야기가 아니다. 공직자는 공사公私를 구분해야 하며, 그걸 중요하게, 아니 무섭게 여겨야 한다는 것을 의미한다. 김건희가 대통령이고 윤석열이 대통령의 남편이라면, 김건희에게 윤석열 통제의 책임을 물을 수밖에 없다는 말이기도 하다. 그러니 행여 이것만큼은 여성 차별로 볼 일이 아니다.

김건희 비리 의혹과 더불어 공사 구분이 불분명한 김건희 논란이 여러 차례 터졌을 때 윤석열 부부는 이후 그런 일이 결코 일어나지 않게 하겠다고 국민에게 약속했지만, 이 약속은 지켜지지 않았다. 윤석열에겐 아내의 문제에 관한 한 공사 구분을 할 뜻도, 능력도 없는 것 같다. 김순덕의 「위기의식 없는 대통령의 '건희 사랑' 문제」(『동아일보』, 7월 7일)와 강희철의 「김건희, 윤 대통령 오랜 친구들의 암묵적 금기어」(『한겨레』, 7월 8일)라는 두 칼럼이 그걸 잘 지적했다. 윤석열 주변엔 "그러면 안 된다"고 말할 사람이 전혀 없다고 하니, 이 일을 어찌할 것인가?

그럼에도 나는 윤석열이 이른바 '능력 위주의 인사'를 내세워 사실상 결과적으로 여성을 배제한 인사 정책을 수정한 '5·24 사건'에 기대를 걸고 싶다. 5월 24일, 그는 인사 참모에게서 여성 후보자에게 불리한 평가의 공정성에 관한 말을 듣고 "정신이 번쩍 들었다"고 고백했다. 그는 "공직 인사에서 여성에게 과감한 기회를 부여하도록 노력하겠다"며 "제가 정치를 시작한 지 얼마 안 돼 시야가 좁아 그랬던 것 같은데 이제 더 크게 보도록 하겠다"고 했다.

실제로 이후 윤석열의 인사 정책은 여성 배려에 관한한 크게 달라졌다. 윤석열의 강점이자 장점은 바로 이런 솔직함이다. 나는 그가 김건희에 대해서도 솔직해지면 좋겠다. 혹 김건희에 대한 여성 혐오적 편견의 부당함에 대한 분노를 원래의 약속을 어겨가면서까지 우회적으로 표출하는 건가? 김건희를 둘러싼 논란의 이유와 결과가 무엇이건 윤석열은 오직 '건희의 남자'로만 만족하겠다는 건가? 오직 '건희 사랑'을 위해 대통령이 된 게 아니라면, 부디 정신이 번쩍 들게 해줄 고언을 스스로 찾아나서면 좋겠다.(『무등일보』·『영남일보』·『중부일보』·『충청투데이』, 2022년 7월 12일 공동 게재)

윤석열, '부정적 당파성'의 약발이 떨어졌다

"집값이 너무 심하게 올랐어요. 내 집 마련은 평생 불가능할 것 같네요."
"아니 부동산 가격이 오른 게 문제인 정권 탓이란 말이에요? 이번에 서울시장으로 오세훈 뽑겠네요."
"아이고 그런 뜻이 아닌데, 쓸데없는 말을 해 죄송합니다."
"이미 기분이 상했으니, 당장 그만두고 환불해주세요."

2021년 3월 서울의 어느 네일숍에서 실제로 일어난 일이다. 『경향신문』(4월 1일)에 실린 「"한국 사회, 무조건 자기편만 지지" 82%」(류인하 기자)라는 기사에 소개된 에피소드를 내가 조금 각색해 소개한 것이다.

어느 설문조사 내용을 보도한 이 기사에 따르면, 서울 시민들은 현재 한국 사회가 옳고 그름을 따지지 않고 자기와 같은 편을 지지(82.5퍼센트)하며, 중도적인 의견은 무시되는 사회(71.4퍼센트), 정치적 의견이 다른 사람과 편하게 정치 이야기를 나눌 수 없는 사회(79.7퍼센트)로 인식하고 있었다.

이젠 이미 상식이 되어버린 이야기다. 그런데 언론은 진보건 보수건 그런 상식과는 거리가 먼 정치 논평을 일삼고 있다. 언론에서 유권자를 탓하는 주장을 단 한 번이라도 본 적이 있는가? 없을 게다. 잘못된 정치의 모든 책임은 100퍼센트 정당과 정치인들에게 있다는 게 언론의 한결같은 주장이요 신념이다. 고객들에게 지적질을 하긴 어려우니 이해 못할 바는 아니지만, 유권자가 달라지지 않고서 정치의 변화가 가능할지는 의문이다.

유권자는 언론 비판의 성역인가? 꼭 그런 것만도 아니다. 언론은 유권자를 초등학생처럼 다룬다. 유권자의 잘못된 행태도 정치인들이 그렇게 만든 것이니 정치인을 비판해야 한다는 식이다. 그런데 그런 비판에 앞장서던 언론인들이 변신해 정치판에 들어가면 기성 정치인들보다 한심한 모습을 보이기도 한다. 교수들이나 법조인들도 마찬가지다. 우리 모두 좀 정직하게 살 수는 없는 걸까?

그런 점에서 미국 언론인 에즈라 클라인의 『우리는 왜 서로를 미워하는가』(2020)라는 책은 읽을 만한 가치가 있다. 오늘날 정치의 주요 문제로 '약한 정당-강한 당파성' 현상과 '부정적 당파성negative partisanship'을 지목하고 있기 때문이다.

미국에서 1964년에는 유권자들의 약 80퍼센트가 자신들이 공화당원이거나 민주당원이라고 말했지만, 2012년에는 그 비율이 63퍼센트로 떨어졌다. 이렇듯 정당은 약해졌지만, 미국인들의 당파성은 더욱 강해졌다. 이게 바로 '약한 정당-강한 당파성' 현상이다. 지지하는 당에 대한 긍정적 감정이 아니라 반대하는 당에 대한 부정적 감정에서 기인하는 당파적 행동 때문에 빚어진 일이다. 클라인은 이런 '부정적 당파성'의 의미에 대해 다음과 같이 말한다.

"지난 50년 동안의 미국 정치를 요약하자면 이렇다.

우리는 투표에서 특정 정당을 더욱 일관적으로 지지하게 되었다. 이것은 우리가 투표하는 정당을 더 좋아하게 되었기 때문이 아니라, 반대편 정당을 더 싫어하게 되었기 때문이다. 희망과 변화가 미약해지는 순간에도 두려움과 혐오는 계속된다."

끔찍한 일이다. 희망과 변화는 사라지고 두려움과 혐오가 정치의 주요 동력이 되었다는 게 말이다. 퓨 리서치 센터의 2014년 조사에 따르면, 공화당원의 37퍼센트와 민주당원의 31퍼센트가 상대 당을 '국가의 안녕에 대한 위협'이라 생각하는 것으로 나타났으며, 2016년 조사에서 이 수치는 공화당 45퍼센트, 민주당 41퍼센트까지 상승했다고 한다.

이런 '부정적 당파성'을 실감나게 입증해 보인 대표적 인물이 텍사스주 민주당 하원의원 베토 오로크다. 그는 2016년 민주당이 아주 싫어하는 공화당 정치인 중 한 명인 테드 크루즈를 상대로 상원의원에 도전했다. 승산은 희박했지만 오로크의 출마는 센세이션을 불러일으켰고, 그는 상원 경선 사상 가장 많은 돈을 모금했다. 그는 3퍼센트

차이로 패했지만, 갑자기 치솟은 지지 덕분에 대통령 선거에까지 출마하게 되었다.

오로크는 대대적인 광고, 고액의 모금액과 함께 2020년 민주당 예비선거에 뛰어들었지만, 여론조사에서 빠르게 추락했다. 이 추락에 대해 클라인은 "오로크의 상원 선거운동 촉매제는 크루즈에 대한 진보 진영의 혐오감, 그가 패배할 수도 있다는 스릴이었다"며 "오로크가 다른 민주당원과 대결했을 때, 상원 선거운동에서 보여줬던 그의 마법 같은 카리스마는 사라지고 말았다"고 말했다.

이런 '부정적 당파성'은 한국에서 대통령 윤석열의 지지율 추락을 이해하는 데에도 큰 도움이 된다. 누구나 다 인정하겠지만, 윤석열은 문재인 정권에 대해 다수 유권자가 갖고 있던 강한 반감의 수혜자였다. 게다가 그의 승리는 대선 사상 최소 표차(24만 7,077표, 0.73퍼센트포인트)로 이루어진 게 아니었던가? 윤석열은 대선 승리 후, 대통령 취임 후, 지방선거 승리 후, 겸손하고 또 겸손하고 또 겸손해야 했건만, 그렇게 하지 않았다. 이른바 '어퍼컷 세리머니'에 여전히 취해 있는 듯 보였다.

적敵이 분명했던 냉전 시대엔 적에 대한 공포감으로 기존 체제를 유지할 수 있었지만, 적이 사라진 탈냉전 시대엔 그게 가능하지 않았다. 그래서 독일 사회학자 울리히 벡은 『적이 사라진 민주주의』(1995)에서 "냉전은 신이 내린 일종의 선물이었노라고 이제 우리는 회고적으로 말할 수 있게 되었으며, 또 그렇게 말해야 한다"며 "확실히 그것은 공포에 입각한 질서로서 내적 위기를 계속 외적 원인, 즉 적들에게로 전가할 수 있도록 해주었다"고 말했다.

윤석열은 그런 역사적 교훈에 대해 무지한 것처럼 보였다. 그는 적이 사라진 상황의 의미를 깨닫지 못했다. 문재인은 경남 양산시 하북면 지산리 평산마을로 사라졌다. 민주당의 막강한 의석수는 건재했을망정 이제 여당이 아닌 야당이었다. 문재인 정권의 알박기 인사들이 도처에 버티고 있긴 했지만, 그들은 '한줌'에 불과했다. 패배의 상처와 증오로 똘똘 뭉쳐 윤석열 정권을 향해 저주의 언어를 난사하는 이들이 있었지만, 그들에겐 너그러움을 베풀 수도 있는 일이었다.

가장 중요한 건 윤석열에게 표를 던졌던 유권자들 중

상당수가 공포와 혐오를 느낄 대상이 사라졌거나 그 대상을 무시해도 좋을 존재로 여기고 있었다는 사실이다. 정권 교체는 윤석열이 문재인 정권에서 얻을 반사이익이 사실상 소멸되었다는 걸 의미하는 것이었다. 쉽게 말해 '부정적 당파성'의 약발이 떨어졌다는 것이다. 이재명이 민주당 대표가 되어 이전의 비호감 대결 구도를 되살리는 '적대적 공생'의 가능성엔 아예 기대를 걸지 않는 게 좋다. 대통령의 체급은 그렇게 가벼운 게 아니니까 말이다.

정권 교체는 윤석열 스스로 지도자로서 새로운 면모를 보이지 않으면 이전의 지지율을 유지하는 게 매우 어렵게 되었다는 걸 말해주는 것이었다. 그러나 윤석열은 달라질 건 전혀 없다는 듯 검찰총장 시절의 건들건들한 언어 구사법을 고수했다. 자신이 공격했던 문재인 정권의 나쁜 점까지 답습했다. 내로남불과 '전 정권 탓'을 그대로 가져다 써먹었다. 약속마저 우습게 보는 것 같았다. 부인 김건희의 처신에 대한 약속은 전혀 지켜지지 않았다. 지키지 못할 이유가 전혀 없는 약속이라는 점에서 이건 결코 가볍지 않은 사건이었다.

상황의 차이에 대한 무지도 심각했다. 문재인은 국정 농단 사태로 만들어진 보수의 폐허 위에서 집권했다. 무슨 일을 해도 박수 받게 되어 있었다. 물론 오히려 이런 호조 가 문재인 정권을 망친 이유가 되었지만, 윤석열 정권은 최 악의 조건에서 탄생했음에도 그걸 깨닫지 못하는 바람에 스스로 망가질 위기에 처해 있다.

겨우 '0.73퍼센트포인트 격차'로 탄생한데다 민주당 의 의회 장악이라는 장벽 앞에 선 윤석열 정권은 검찰총장 에서 대통령으로 직행한 '이변'이 내포한 경험의 부족과 편향의 한계에 시달릴 수밖에 없었다. 그러나 윤석열은 이 모든 걸 오히려 정반대로 해석했다. 인간 승리의 드라마로 여기면서 자신감을 뿜어냈고, 이는 자해의 극치라고 해도 좋을 오만으로 이어졌다.

"오만은 당파적일 때 가장 치명적이다"는 말이 있다. 그 런 치명의 갈림길에 선 윤석열이 살 길은 딱 하나다. 2022년 대선에서 자신이 0.73퍼센트포인트 차이로 패배했을 경 우를 늘 상상하면서 사는 것이다. 높은 곳보다는 낮은 곳에 눈을 돌리면서, 오만 대신 겸손, 불만 대신 감사의 자세를

갖는 데에 큰 도움이 될 것이다.(『경향신문』, 2022년 8월 3일)

윤석열 정권은 '둔감 정권'인가?

지난 8월 4일 오전 국회에서 미국 하원의장 낸시 펠로시와 국회의장 김진표의 회담이 열렸다. 여야 원내대표, 국회 외교통일위원회 소속 의원들도 배석한 이 회담에서 모두가 펠로시의 말에 집중하고 있을 때, 한 사람이 갑자기 휴대전화를 꺼내 들더니 펠로시 쪽을 향해 촬영을 했다. 누군가? 국민의힘 원내대표 권성동이었다.

　이 모습은 한 방송사 카메라에 담겼고, 이는 그대로 방송되었다. 이를 본 네티즌들은 "무례하다"는 반응을 보이며 권성동을 비판했다. 아니 비판을 한 정도가 아니다. 관련 기사들에 주렁주렁 달린 댓글들을 보라. 이른바 '7·26 자해自害 사건'이 일어난 지 얼마나 되었다고 그런 짓을 하느냐는 비난과 욕설이 철철 흘러넘쳤다.

　'7·26 자해 사건'은 7월 26일 대통령 윤석열과 권성동이 화기애애하게 주고받던 텔레그램 메시지가 취재 카메라에 포착되어 만천하에 공개된 엽기적 사건을 말한다. "우리 당도 잘하네. 계속 이렇게 해야.……내부 총질이나 하던 당 대표가 바뀌니 달라졌습니다"라는 윤석열의 말에 권성동이 "대통령님의 뜻을 잘 받들어 당정이 하나 되는 모습을 보이겠습니다"라고 답한 것인데, "내부 총질이나 하던 당 대표"라는 말이 문제가 되었다.

분노해야 할 사람은 국민의힘 대표 이준석일 텐데, 정작 그는 한동안 말이 없었고 펄펄 뛰면서 난리를 친 건 민주당이었다. 윤석열 정권을 공격할 절호의 기회를 맞았다고 생각한 것인지는 몰라도 민주당은 집중적인 비판을 퍼부었다.

이후 시간이 좀 흘러 이준석이 본격적인 전투 모드로 들어가면서 사건의 파장은 더욱 커졌고, 국민의힘이 쪼개지거나 망할지도 모른다는 위기감이 고조되었다. 8월 4일 『중앙일보』엔 「"괴롭다, 내가 사고 쳤는데"…요즘 '동굴 갇혔다'는 권성동 속내」라는 기사가 실렸다. 권성동이 주변에 당내 상황과 관련해 "괴롭다"는 하소연을 했다는 내용이다.

그러나 나는 이 기사를 읽으면서 "그렇겠지. 얼마나 괴로울까?"라는 생각이 들기는커녕 좀 어이가 없다는 생각으로 쓴웃음을 짓지 않을 수 없었다. 그렇게 괴로운 사람이 어쩌자고 그 말 많고 탈 많은 휴대전화를 다시 꺼내 들어 펠로시를 촬영하는 무례를 저지를 수 있었다는 것인지, 그게 영 이해가 되질 않았기 때문이다. 자신의 휴대전화 중독이 원망스럽지도 않았을까? 그 난리를 겪고서도, 그리고 앞으로 그 파장이 자신의 정치 생명에 어떤 악영향을 미칠지 모르는 상황에서도, 휴대전화를 갓 선물 받은 초등학생처럼 천진난만하게 촬영에 임했던 그의 초인적 멘털에 나는 두 손 들지 않을 수 없었다.

그러면서 나는 17개월 전인 2021년 3월 2일 중앙선거관리위원회가 주관하는 제20대 대통령 선거 후보자 3차 사회 분야 방송 토론회의 한 장면을 떠올리지 않을 수 없었다. 이날은 내가 윤석열에 대해 감탄을 했던 날이다. "아, 저렇게 둔감할 수가!" 상식을 초월하는 둔감이었다. 윤석열은 2월 27일 유세에서 "정부가 성인지 감수성 예산이란

걸 30조 썼는데, 그중 일부만 떼어내도 북한 핵 위협을 막
아낼 수 있다"고 했다. 성인지 예산은 액수로 존재하는 실
질 예산이 아니라, 예산이 남성·여성에게 미치는 영향을
분석해 보정하는 기준·과정이라는 기본적 사실을 이해하
지 못한 실언이었다.

그로부터 사흘이 지난 3월 2일이기에 그 실언을 낳
은 무지가 교정되어 있을 걸로 생각했지만, 윤석열은 토
론 과정에서 "그런 예산을 조금만 지출 구조조정 해도 대
공 방어망 구축에 쓸 수 있다"고 답하는 등 예전 그대로의
모습을 고수하고 있었다. 신기했다. "어, 저건 무슨 배짱이
지?" 나는 곰곰이 생각해본 끝에 그건 '배짱'이라기보다는
못 말리는 '둔감'이라는 결론을 내리지 않을 수 없었다. 둔
감은 "무딘 감정이나 감각"을 말한다.

국내에서도 한때 꽤 인기를 누린, 일본의 의사이자
작가인 와타나베 준이치의 『둔감력』(2007)이란 책을 내 서
재에서 찾아내 다시 읽었다. "마음대로 잘 안 되는 상황을
이겨내고 다시 도전하는 그 둔감력 덕택에 최후의 승자가
되는 것이다"는 문장에 주목하지 않을 수 없었다. 윤석열

이 사법고시 9수 끝에 검사가 된 것은 그가 '둔감력의 장인'이라는 걸 말해주는 건가? 그가 둔감하지 않고 민감했다면, 자신을 악마로 만들면서 광분했던 문재인 정권의 무자비한 공격을 견뎌낼 수 있었을까? 그렇다면 둔감은 그의 성공의 이유였던 셈이다.

유유상종類類相從이라더니, 윤석열과 권성동이 친구가 된 건 둔감력이라는 코드를 매개로 서로 배짱이 맞았기 때문일까? 그러고 보니, 둔감은 어느덧 윤석열 정권의 특성이 되어버린 게 아닌가 하는 생각마저 든다. "내부 총질이나 하던 당 대표"에 이어 수해 현장을 방문한 어느 국민의힘 의원의 "사진 잘 나오게 비 왔으면 좋겠다"는 실언까지 터져 나왔으니 말이다.

문재인 정권이 '위선 정권'이었다면, 윤석열 정권은 '둔감 정권'인가? 윤석열과 권성동의 둔감엔 그간 그 나름의 장점이 많았겠지만, 이젠 그 수명을 다하지 않았나 싶다. 오히려 둔감이 그들의 치명적인 약점이 되고 있다는 걸 직시할 때가 되었다.(UPI뉴스』, 2022년 8월 15일)

김건희는 민주당의 복덩이인가?

지난 8월 23일 민주당 비상대책위원장 우상호는 국민의
힘 비상대책위원장 주호영이 특별감찰관과 북한인권재단
이사를 동시 임명하자고 제안한 것과 관련해 "저희 입장
에서는 특별감찰관 없이 김건희 여사가 계속 사고 치는 게
더 재미있다"고 말했다. 이에 국민의힘 수석대변인 박정하
는 "4선의 중진 의원이자 국회 다수당의 비대위원장이 국
정을 두고 '재미'를 운운하는 것은, 정치를 희화화하는 발
언"이라고 했고, 국민의힘 원내대변인 박형수는 "민주당은
대통령 부인에 대한 공격과 조롱을 즉각 중단해야 한다"고
비판했다.

우상호는 '재미'를 '이익'이란 뜻으로 쓴 것 같다. 예
의 바른 표현은 아닐망정, 많은 사람이 그 발언의 취지에
공감했을 것 같다. 나 역시 그런 사람 중의 하나다. 사실 민
주당은 "김건희가 없었더라면 큰일 날 뻔했다"는 생각이
들 정도로 그간 김건희에 집착해왔으며, 지금도 그러하다.
8월 말 민주당은 이런 야심찬 계획을 내놓았다. "김건희

방지법 추진을 검토하겠다"(오영환 원내대변인), "(김건희 관련) 국정조사를 추진하겠다"(진성준 원내수석부대표), "김건희 특검 열차는 출발할 수밖에 없다."(박찬대 최고위원)

이에 대해 『중앙일보』는 "민주당의 압박은 요즘 거의 매일 나오는 패턴이다"며 "이런 파상 공세 배경 중엔 김 여사 압박이 일종의 '꽃놀이패(쥔 쪽은 져도 영향이 적지만, 반대 쪽은 반드시 이겨야만 큰 피해를 모면하는 패)'란 인식이 있다. '우리는 패를 쥔 것을 보여주는 자체만으로도 효과를 볼 수 있다'(지도부 관계자)는 것이다"고 분석했다.

이 정도면 "김건희는 민주당의 복덩이인가?"라는 생각을 하지 않을 수 없다. 지난 대선 때부터 계속 이어져 내려온 일이 아닌가? 민주당을 지지하는 논객들도 김건희 비판과 조롱을 사랑한다. 대표적인 논객 중의 하나로 맛 칼럼니스트 황교익을 빼놓을 순 없을 게다. 그는 2021년 12월 15일 하루 동안 자신의 페이스북에 김건희를 저격하는 글을 15개나 올렸다. 14일부터 16일까지 그가 쓴 김건희 비판 글은 무려 37개에 이르렀다.

속된 말로, 김건희 비판이나 조롱이 담론 시장에서

그만큼 장사가 잘된다는 뜻일 게다. 김건희를 향한 관심은 '화제성'의 바로미터인 포털사이트 검색량에서도 확인되었다. 『한국일보』가 2021년 10월 20일 네이버 데이터 랩을 통해 검색량을 추출한 결과, 김건희 관련 허위 이력 의혹이 보도된 14일부터 19일까지 '김건희' 검색량은 '윤석열'보다 1.5~3.3배 많은 것으로 나타났다. 김건희가 사과 의사를 밝힌 15일 '김건희' 검색량을 100으로 봤을 때, 윤석열의 검색량은 30에 불과했다. 당시 민주당 대선후보 이재명 장남의 도박 의혹이 제기된 16일에도 김건희 검색량(62)은 이재명(43)을 앞섰다.

"제가 없어져 남편이 남편답게만 평가받을 수 있다면 차라리 그렇게라도 하고 싶습니다." 2021년 12월 26일 오후 3시 서울 여의도 국민의힘 당사 3층에서 열린 기자회견에서 김건희는 자신의 허위 경력 논란이 윤석열에게 악재가 되자 연신 "죄송하다", "송구하다", "부끄럽다"면서 그렇게 말했다. "국민 여러분께 진심으로 사죄 말씀 드립니다"라는 대목에선 잠시 훌쩍이며 뒷말을 잇지 못하기도 했다.

그래서 앞으로 더는 논란은 없을 걸로 생각했지만, 전혀 그렇지 않았다는 건 모든 국민이 다 아는 바와 같다. 불가사의한 일이었다. 이후 김건희는 계속해서 민주당이 좋아할 '사고'를 쳤기 때문이다. 일부러 더 그러는 것 같다는 생각마저 들 정도였다. 2022년 1월 하순 민주당 선거대책위원회가 생산해내는 하루 논평의 절반가량이 김건희 공격에 할애되었으니 더 말해 무엇하랴.

민주당은 이후로도 계속 이런 패턴을 보였는데, 이게 과연 잘한 일이었을까? 당시 민주당 의원 이상민은 "네거티브도 '과유불급'이라고, 지나치면 효과는 없고 오히려 역효과가 날 수 있다"며 "김건희 씨에 대한 비판은 물론 하고 검증도 필요한 부분도 있겠으나 후보 본인보다는 더 많은 비중을 차지해서는 안 된다"고 했다. 하지만 그의 제안은 받아들여지지 않았다. 그러다 보니 민주당과 이재명은 '86 용퇴론'을 시작으로 연일 정치 쇄신안을 내놓았지만, 이게 김건희의 그늘에 가리는 일마저 벌어졌다. 『한국일보』의 조사에 따르면, 김건희 관련 검색량은 100일 때, 민주당 쇄신안 관련 키워드들의 검색량은 12에 불과했다.

그런데 놀랍고도 흥미로운 건 민주당의 그런 '김건희 복덩이 전략'이 아무런 검증이나 평가도 없이 여전히 계속되고 있다는 사실이다. 9월 4일 밤 TV 뉴스를 시청하다가 웃음을 터뜨리고 말았다. 민주당 사무총장 조정식은 검찰의 이재명 출석 요구를 '무자비한 정치 보복'이라며 "포토라인에 서야 할 건 김건희 여사"라고 했다. '무자비한 정치 보복'이라는 중대성과 심각성에 비추어 여기에서까지 '김건희 복덩이'를 소환한 게 밸런스가 맞지 않아 좀 웃긴다는 생각이 들어서였다. 민주당이 잘 알아서 판단할 일이지만, 민주당의 김건희 사랑이 너무 지나친 건 아닌지 되돌아볼 필요가 있겠다.(『UPI뉴스』, 2022년 9월 5일)

윤석열과 김건희는 어떤 세상에 살고 있나?

지난 8월 24일 대통령 부인 김건희 팬클럽 SNS에 "윤석열 대통령 대구 서문시장 8월 28일 12시 방문입니다"는 글이 게재되었다. 대통령 동선은 보안 업무 규정상 2급 비밀이라는데, 이게 어찌된 일인가? 이틀 후인 26일 민주당 비상대책위원장 우상호는 비대위 회의에서 다음과 같이 주장했다.

"김건희 여사 관리를 진짜 해야 한다. 김 여사가 연락하지 않고는 (대통령 대외비 일정을) 팬클럽이 어떻게 아나. 이분은 또 사고 치신다. 공적 마인드가 없다. 대통령 일정을 알려서 사람을 동원해야겠다는 발상을 하는 영부인이라면 사고방식을 바꾸기 어렵다."

정말 딱한 일이다. 일국의 영부인이 야당 지도자에게서 "또 사고 치신다. 공적 마인드가 없다"는 말을 들어야 할 정도가 되었으니 말이다. '설마' 했다. 그간 지겨울 정도로 많은 논란을 불러일으켰는데, '설마 또'라는 생각을 하지 않을 수 없었다. 곧 김건희의 억울함이 밝혀질 것이라고 생각했다.

그런데 대통령 경호처에선 아무런 말이 없었다. 금방 밝혀낼 수 있는 일일 거라고 생각했는데, 왜 그러는 거지? 닷새 후인 29일 『중앙일보』의 '분수대 칼럼'에 이런 설명이 나왔다. "윤 대통령 일정이나 사진을 올린 사람에게 입

수 경로를 확인하면 될 일이다. 그런데 석 달 전에도, 지금도 '알아보고 있다'는 두루뭉술 태도다."

다음 날인 30일 언론 전문지인 『미디어오늘』은 사설을 통해 "대통령 신변 안전에 영향을 끼칠 수 있는 일정이 노출됐는데 '알음알음'이라느니 '특정한 의도'를 찾기 어려웠다며 '해프닝' 정도로 취급하는 듯한 모습에 기가 찰 뿐이다"고 했다. 하지만 진짜 기가 찬 건 경호처가 그런 식으로 대응함으로써 사실상 우상호의 주장 또는 예측을 확증해주는 역할에 충실했다는 점일 게다.

그런데 이게 끝이 아니었다. 이른바 '대통령 취임식 초청 명단' 의혹 사건이 터졌다. 대통령 취임식에 '참석해선 안 되는 사람들'이 참석한 사실이 줄줄이 드러나기 시작한 것이다. 복수의 극우 유튜버, 도이치모터스 주가 조작 사건 핵심 피의자의 아들, 대통령 장모의 잔고 위조 공범, 처가가 연루된 경기도 양평 공흥지구 개발 특혜 의혹을 수사 중인 경찰관 등이 바로 그들이다. 이와 관련, 민주당 의원 조오섭은 "윤 대통령의 가짜 공정, 가짜 정의의 민낯, 도대체 그 끝은 어디까지입니까"라고 비난했다.

『UPI뉴스』편집국장 류순열은 9월 1일 칼럼에서 "가짜 공정, 가짜 정의에 분통 터지는 국민이 어디 야당 의원뿐이겠나"라면서 '법과 원칙', '공정과 정의'를 입에 달고 살던 강골 검사 윤석열의 상징 자본은 흔적 없이 사라졌다고 개탄했다. 법도, 원칙도, 공정도, 정의도, 이름도 남김없이 아득해졌으며, 거꾸로 치명적 부채가 쌓여가고 있다는 것이다.

아닌 게 아니라 이젠 정말이지, 두 손, 아니 두 발 다 들었다. 이건 김건희의 문제가 아니다. 윤석열의 문제다. 그런데 이상하다. 화가 나기보다는 실소失笑가 터져 나오니 말이다. 오래전에 본 만화나 개그의 한 장면이 아닌가 싶어 도무지 실감이 나질 않기 때문이다.

생각해보라. 아무리 영세한 자영업에 뛰어든 사람이라도 성공을 위해 최선을 다한다. 가족을 떠올리며 목숨을 걸다시피 하면서 성공하려고 발버둥을 친다. 그런데 일국의 대통령이 된 사람이 최선을 다하느냐의 문제 이전에 자신에게 큰 정치적 타격이 될 수 있는 일들이 벌어져도 아무 일도 아니라는 듯 무신경하게 방치한다. 그래서 그런 일들이 계속 벌어지는데도 계속 모른 척하고 다른 곳에 가서 다른 일로 최선을 다하겠다고 외쳐댄다. 워낙 둔감과 무신경의 극치를 치닫는지라 엽기적이라고 해도 좋을 정도다.

민주당 의원 윤건영은 9월 15일 "김 여사가 아무도 건드릴 수 없는 치외법권 영역으로 들어갔다"고 주장했는데, 번지수를 잘못 찾은 것 같다. 치외법권이니 뭐니 하는 성격의 문제가 아니라 윤석열 부부가 현실 세계의 영역을 벗어난 '픽션의 세계'로 들어갔다고 보아야 한다. 현실 세계의 사람들이 그들을 향해 "제발 그러지 마라"고 아무리 외쳐봐야 '픽션의 세계'에 들어간 사람들의 귀엔 들리지 않는다. 그들은 자기들이 무엇을 잘못하고 있는지조차 깨닫지 못한다.

잘 생각해보시라. 앞서 거론한 의혹 사건들은 윤석열·김건희에겐 무슨 대단한 이익을 얻을 수 있는 게 아니다. 이익은 비교적 사소하거나 평가하기 어려운 것인 반면, 논란이 되었을 때 치러야 할 비용은 '가짜 공정, 가짜 정의'라는 말을 들을 정도로 큰 것이다. 그럼에도 왜 그런 일을 자꾸 반복해서 저질러야 한단 말인가?

탈레반식 도그마와 맹목적 돌진을 사랑했던 문재인 정권은 나라의 장래에 큰 부담을 안겨줄 과오들을 저질렀지만, 정권의 이익을 챙기는 일엔 믿기지 않을 정도로 유능했다. 그 덕분에 문재인은 엄청난 실정에도 높은 임기 말 지지율을 누릴 수 있었다. 반면 윤석열 정권은 제대로 된 국정 운영도 해보기 전에 최소한의 정권 이익조차 지켜내지 못하면서 비틀거리는 모습을 보여주고 있으니 참으로 기가 막힌 일이다. 그는 도대체 왜 대통령이 되려고 했던 건지 궁금해진다.(『UPI뉴스』, 2022년 9월 19일)

머리말 나의 해방 일지

1   이언 레슬리(Ian Leslie), 엄윤미 옮김, 『다른 의견: 싸우지 않고,
     도망치지 않고, 만족스럽게 대화하기 위한 9가지 원칙』(어크로스,
     2021), 14쪽.

2   이언 레슬리(Ian Leslie), 엄윤미 옮김, 『다른 의견: 싸우지 않고,
     도망치지 않고, 만족스럽게 대화하기 위한 9가지 원칙』(어크로스,
     2021), 41쪽.

3   이언 레슬리(Ian Leslie), 엄윤미 옮김, 『다른 의견: 싸우지 않고,
     도망치지 않고, 만족스럽게 대화하기 위한 9가지 원칙』(어크로스,
     2021), 9쪽.

4   조지프 히스(Joseph Heath), 김승진 옮김, 『계몽주의 2.0: 감정의
     정치를 어떻게 바꿀 것인가』(이마, 2014/2017), 377~378쪽.

5   아르투르 쇼펜하우어(Arthur Schopenhauer), 김혜령 편역, 『논쟁
     에서 이기는 37가지 기술』(아미, 1996), 155~156쪽.

6   제임스 서로위키(James Surowiecki), 홍대운·이창근 옮김, 『대
     중의 지혜: 시장과 사회를 움직이는 힘』(랜덤하우스중앙, 2004/
     2005), 13쪽.

7   리처드 스텐걸(Richard Stengel), 임정근 옮김, 『아부의 기술: 전략
     적인 찬사, 아부에 대한 모든 것』(참솔, 2000/2006), 52쪽.

8   수전 제이코비(Susan Jacoby), 박광호 옮김, 『반지성주의 시대:
    거짓 문화에 빠진 미국, 건국기에서 트럼프까지』(오월의봄, 2018/
    2020), 32쪽.

9   마이클 르고(Michael LeGault), 임옥희 옮김, 『싱크! 위대한 결단으
    로 이끄는 힘』(리더스북, 2006), 98쪽.

제1장 왜 대중은 반지성주의에 매료되는가?

1   이 글은 다음 논문집에 발표한 논문을 수정·보완한 것이다. 강준
    만, 「왜 대중은 반지성주의에 매료되는가?: 설득 커뮤니케이션의 관
    점에서 본 반지성주의」, 『정치정보연구』, 22권 1호(2019년 2월),
    27~62쪽.

2   리처드 호프스태터(Richard Hofstadter), 유강은 옮김, 『미국의 반
    지성주의』(교유서가, 1963/2017), 25쪽.

3   손희정, 『페미니즘 리부트: 혐오의 시대를 뚫고 나온 목소리들』(나
    무연필, 2017), 101, 156~157쪽.

4   김한솔, 「"흑세무민 가짜뉴스 넘쳐나 팟캐스트 시작…정계 복귀 수
    순 아니라는 증거 보여줄 것」, 『경향신문』, 2018년 12월 23일.

5   정연구, 「TV조선은 방송 사업을 계속해도 좋을까」, 『미디어오늘』,
    2019년 1월 12일.

6   윤성환, 「난데없는 '인민민주주의' 타령, 한국당은 왜 이럴까」, 『오
    마이뉴스』, 2019년 2월 16일.

7   김도연, 「"나는 국민TV에 완벽히 패배했다"」, 『미디어오늘』, 2018
    년 5월 1일.

8   이선옥, 「지성의 무덤이 된 페미니즘」, 『주간경향』, 2018년 7월 30일.

9   이근, 「'반지성주의 사회' 경계해야」, 『경향신문』, 2019년 1월 11
    일.

10 페미니즘과 관련해 반지성주의를 비판한 이라영의 다음 칼럼에 달
    린 댓글이다. 이라영, 「여성이 '나꼼수'를 듣고 정치에 눈을 떴다

고?」,『프레시안』, 2017년 12월 12일; 이라영,「이슬람국가(IS)보
다 페미니스트가 더 위험하다고?」,『프레시안』, 2017년 12월 14일.

11 한상원,「아도르노와 반지성주의에 관한 성찰: 민주주의와 지성의
상관성 물음」,『철학』, 135권(2018년), 41쪽.

12 리처드 호프스태터(Richard Hofstadter), 유강은 옮김,『미국의 반
지성주의』(교유서가, 1963/2017), 555쪽.

13 Richard Hofstadter,『The Paranoid Style in American Politics
and Other Essays』(Cambridge, MA: Harvard University Press,
1964).

14 David Bromwich,「Anti-Intellectualism」,『Raritan』,
16:1(Summer 1996), pp.18~27; Deborah M. De Simone,「The
Consequences of Democratizing Knowledge: Reconsidering
Richard Hofstadter and the History of Education」,『History
Teacher』, 34:3(May 2001), pp.373~382; Stephen
Duncombe,「The poverty of theory: anti-intellectualism and
the value of action」,『Radical Society: Review of Culture
& Politics』, 30:1(April 2003), pp.11~17; David Milne,
「Intellectualism in US Diplomacy: Paul Wolfowitz and His
Predecessors」,『International Journal』, 62:3(September
2007), pp.667~680; Susan Finley,「Interrupting History: Anti-
Intellectualism in the George W. Bush Administration」,『Cultural
Studies ↔ Critical Methodologies』, 9:1(February 2009), pp.23
~30; Stephen Bates,「The Prodigy and the Press: William
James Sidis, Anti-Intellectualism, and Standards of Success」,
『Journalism & Mass Communication Quarterly』, 88:2(June
2011), pp.374~397; Dane S. Claussen,「A Brief History
of Anti-intellectualism in American Media」,『Academe』,
97:3(May/June 2011), pp.8~13; Henry A. Giroux,「The
Disappearing Intellectual in the Age of Economic Darwinism」,
『Policy Futures in Education』, 9:2(January 2011), pp.163~

171; Matthew Motta, 「The Dynamics and Political Implications of Anti-Intellectualism in the United States」, 『American Politics Research』, 46:3(2018), pp.465~498.

15 Rafik Z. Elias, 「Anti-Intellectual Attitudes and Academic Self-Efficacy Among Business Students」, 『Journal of Education for Business』, 84:2(Nov/Dec 2008), pp.110~117; Antonio Laverghetta & J. Kathleen Nash, 「Student Anti-Intellectualism and College Major」, 『College Student Journal』, 44:2(June 2010), pp.528~532; Michael McDevitt et al., 「Anti-intellectualism among US students in journalism and mass communication: A cultural perspective」, 『Journalism』, 19:6(2018), pp.782~799.

16 Daniel J. Rigney, 「Three Kinds of Anti-Intellectualism: Rethinking Hofstadter」, 『Sociological Inquiry』, 61:4(1991), pp.434~451.

17 리처드 호프스태터(Richard Hofstadter), 유강은 옮김, 『미국의 반지성주의』(교유서가, 1963/2017), 329~456쪽.

18 한상원, 「아도르노와 반지성주의에 관한 성찰: 민주주의와 지성의 상관성 물음」, 『철학』, 135권(2018년), 30쪽.

19 크리스토퍼 래시(Christopher Lasch), 이희재 옮김, 『진보의 착각: 당신이 진보라 부르는 것들에 관한 오해와 논쟁의 역사』(휴머니스트, 1991/2014), 527~528쪽.

20 Russell Jacoby, 『The Last Intellectuals』(New York: Basic Books, 1987), pp.78~85.

21 모리모토 안리, 강혜정 옮김, 『반지성주의』(세종서적, 2015/2016); 우치다 다쓰루 엮음, 김경원 옮김, 『반지성주의를 말하다』(이마, 2015/2016); 남상욱, 「현대 일본의 '반지성주의' 담론 분석」, 『한국일본학회 학술대회 논문집』, 95권(2017년 8월), 85~89쪽; 심정명, 「일본의 '빈곤문화'와 반지성주의」, 『한국일본학회 학술대회 논문집』, 95권(2017년), 93~95쪽; 곽형덕, 「전후 일본의 '반지성주

의'와 마이너리티: 양정명과 도미무라 준이치를 중심으로」,『일본사상』, 34권(2018년), 5~27쪽.

22 남상욱,「현대 일본의 '반지성주의' 담론 분석」,『한국일본학회 학술대회 논문집』, 95회(2017년 8월), 87쪽.

23 우치다 다쓰루 엮음, 김경원 옮김,『반지성주의를 말하다: 우리는 왜 퇴행하고 있는가』(이마, 2015/2016), 15, 34쪽.

24 모리모토 안리, 강혜정 옮김,『반지성주의』(세종서적, 2015/2016), 6쪽.

25 김병익,「권력과 반지성주의」,『기독교사상』, 19권 1호(1975년 1월), 74~81쪽.

26 박영균,「반지성주의와 파쇼적인 것들의 정치를 넘어선 진보의 정치로」,『진보평론』, 57권(2013년 9월), 57~92쪽; 이성혁,「김훈의 "역사소설"에 나타난 파시즘 문제에 대한 고찰」,『한민족문화연구』, 46권(2014년), 365~395쪽; 김정한,「1990년대 전향 담론의 성격과 한계」,『한국학논집』, 59권(2015년 6월), 29~51쪽; 정강길,「초자연주의 신앙에 대한 재고찰과 대안적인 신앙 모델 모색: 한국 개신교의 반지성주의 사례를 중심으로」,『종교문화연구』, 25권(2015년), 69~102쪽; 양승태,「대한민국, 무엇이 위기인가?: 정치적 아마추어리즘과 반지성주의적 피로감의 극복을 위한 정치철학적 성찰」,『철학과현실』, 111권(2016년 12월), 82~109쪽; 오하나,「80년대 노동운동 내 학생 출신 활동가를 둘러싼 비판 담론의 분석」,『역사문제연구』, 35권(2016년 4월), 557~600쪽; 최철웅,「반지성주의와 타자 혐오」,『경희대학교 대학원보』, 217호(2016년 10월 17일); 김용국,「미국 침례교회의 반(反)지성주의 전통에 관한 연구」,『복음과실천』, 60권 1호(2017년 9월), 111~140쪽; 문순표,「독일 지식인의 반지성주의: 좌우의 피안에서」,『말과활』, 14호(2017년), 117~127쪽; 박진빈,「반지성주의와 지식인의 한계」,『역사비평』, 121권(2017년 11월), 427~439쪽; 서동진,「증오, 폭력, 고발: 반지성주의적 지성의 시대」,『황해문화』, 94권(2017년 3월), 87~103쪽; 손희정,「어용 시민의 탄생: 포스트-트루스 시대의

반지성주의」,『말과활』, 14호(2017년), 89~104쪽; 신현욱, 「'반지
성주의'의 미국사적 맥락」,『안과밖』, 43권(2017년 11월), 263~
274쪽; 윤태진, 「'시민의 시대'와 반지성주의」,『문화과학』, 90권
(2017년 9월), 236~247쪽; 이승민, 「한국 다큐멘터리 영화의 어
떤 경향: 지성과 반지성 사이의 줄타기」,『말과활』, 14호(2017년),
105~116쪽; 전성욱, 「반지성주의의 이면: 인지 역량과 한국의 민
주주의」,『말과활』, 14호(2017년), 128~138쪽; 천정환, 「'1987
년형 민주주의'의 종언과 촛불항쟁 이후의 한국 민주주의: 대중 민
주주의의 문화 정치를 중심으로」,『문화과학』, 94권(2018년 6월),
22~44쪽; 한상원, 「아도르노와 반지성주의에 관한 성찰: 민주주의
와 지성의 상관성 물음」,『철학』, 135권(2018년 5월), 23~46쪽;
남상욱, 「현대 일본의 '반지성주의' 담론 분석」,『일본학보』, 119호
(2019년 5월), 93~110쪽; 박종우, 「중국의 반지성주의 맥락과 시
진핑 정권」,『중국지역연구』, 6권 3호(2019년 12월), 135~169쪽;
이상현, 「포퓰리즘과 반지성주의: 라틴아메리카의 코로나19 대응
을 중심으로」,『중남미연구』, 40권 1호(2021년 2월), 69~95쪽; 이
경하, 「여성 문학과 반지성주의 관계에 대한 역사적 고찰」,『인문논
총』, 78권 4호(2021년), 209~235쪽; 김대중, 「계란머리에서 트럼
피즘까지: 미국의 반지성주의 연구」,『인문학연구』, 63권(2022년
2월), 97~117쪽; 김대중, 「미국 반지성주의의 근원과 현상들」,『영
어권문화연구』, 15권 2호(2022년 8월), 33~53쪽; 안재원, 「반지
성주의와 음모론」,『서양사연구』, 66호(2022년), 29~57쪽.

27 박영균, 「반지성주의와 파쇼적인 것들의 정치를 넘어선 진보의 정치
로」,『진보평론』, 57권(2013년 9월), 57~92쪽.

28 천정환, 「촛불항쟁 이후의 시민정치와 공론장의 변화: '문빠' 대 '한
경오', 팬덤 정치와 반지성주의」,『역사비평』, 120권(2017년 8월),
388쪽.

29 천정환, 「촛불항쟁 이후의 시민정치와 공론장의 변화: '문빠' 대 '한
경오', 팬덤 정치와 반지성주의」,『역사비평』, 120권(2017년 8월),
401~402쪽.

30   리처드 호프스태터(Richard Hofstadter), 유강은 옮김, 『미국의 반
      지성주의』(교유서가, 1963/2017), 105~106쪽.

31   리처드 호프스태터(Richard Hofstadter), 유강은 옮김, 『미국의 반
      지성주의』(교유서가, 1963/2017), 547~549쪽.

32   D. Bok, 『Universities in the Marketplace』(Princeton, NJ:
      Princeton University Press, 2003); 데버러 로드(Deborah L.
      Rhode), 윤재원 옮김, 『대학의 위선』(알마, 2006/2015).

33   T. Frank, 『One Market Under God: Extreme Capitalism, Market
      Populism, and the End of Economic Democracy』(New York:
      Doubleday, 2000).

34   강준만, 「한국 '포퓰리즘 소통'의 구조: '정치 엘리트 혐오'의 문화정
      치학」, 『스피치와 커뮤니케이션』, 제17호(2012년 6월), 7~38쪽.

35   박정원, 「네루다, 라틴아메리카의 문화 아이콘, 그리고 포스트 메모
      리」, 『이베로아메리카연구』, 28권 3호(2017년 12월), 213~243쪽;
      주형일, 「집단지성과 지적 해방에 대한 고찰: 디지털 미디어는 집
      단지성을 만드는가?」, 『열린정신 인문학연구』, 13권 2호(2012년),
      5~34쪽.

36   서동진, 「증오, 폭력, 고발: 반지성주의적 지성의 시대」, 『황해문화』,
      94권(2017년 3월), 87~103쪽.

37   곽형덕, 「전후 일본의 '반지성주의'와 마이너리티 : 양정명과 도미무
      라 준이치를 중심으로」, 『일본사상』, 34권(2018년 6월), 5~27쪽.

38   심정명, 「일본의 '빈곤문화'와 반지성주의」, 『한국일본학회 학술대
      회 논문집』, 95회(2017년 8월), 93~95쪽.

39   김동춘, 『1997년 이후 한국 사회의 성찰: 기업사회로의 변환과 과
      제』(길, 2007).

40   최항섭, 「레비의 집단지성: 대중지성을 넘어 전문가 지성의 가능성
      모색」, 『사이버커뮤니케이션학보』, 26권 3호(2009년), 287~322쪽.

41   홍태영, 「지식과 권력 그리고 지식인: 집단지성 시대 지식인의 새로
      운 상을 위하여」, 『현대정치연구』, 6권 1호(2013년), 205~232쪽.

42   오하나, 「80년대 노동운동 내 학생 출신 활동가를 둘러싼 비판 담론

의 분석」,『역사문제연구』, 35권(2016년 4월), 557~600쪽.

43   김정한,「1990년대 전향 담론의 성격과 한계」,『한국학논집』, 59권 (2015년 6월), 29~51쪽.

44   데이비드 브룩스(David Brooks), 이경식 옮김,『소셜 애니멀: 사랑과 성공, 성격을 결정짓는 관계의 비밀』(흐름출판, 2011); 조너선 하이트(Jonathan Haidt), 왕수민 옮김,『바른 마음: 나의 옳음과 그들의 옳음은 왜 다른가』(웅진지식하우스, 2012/2014).

45   김예란,「감성 공론장: 여성 커뮤니티, 느끼고 말하고 행하다」,『언론과사회』, 18권 3호(2010년), 146~191쪽; 조흡·오승현,「문화적 공론장으로서〈도가니〉: 인식론적 커뮤니케이션에서 감성 커뮤니케이션으로」,『문학과영상』, 13권 4호(2012년), 837~864쪽; 이강형·김상호,「감정과 공론장: 비이성적 형식으로서의 감정에 대한 비판적 재고」,『언론과사회』, 22권 1호(2014년), 79~113쪽; 정수영,「공감과 연민, 그리고 정동(affect): 저널리즘 분석과 비평의 외연 확장을 위한 시론」,『커뮤니케이션이론』, 11권 4호(2015년), 38~76쪽.

46   대니얼 카너먼(Daniel Kahneman), 이진원 옮김,『생각에 관한 생각: 우리의 행동을 지배하는 생각의 반란』(김영사, 2011/2012), 32~33쪽.

47   댄 애리얼리(Dan Ariely), 이경식 옮김,『거짓말하는 착한 사람들: 우리는 왜 부정행위에 끌리는가』(청림출판, 2012), 321쪽.

48   '평등 편향(equality bias)'은 대화에 참여한 사람들이 특정 주제에 대한 각자의 수준 차이에도 누구에게든 공정한 시간과 관심을 할애하려는 성향이 있다는 걸 가리키는 개념이다. 이는 상대적으로 실력이 떨어지는 사람들은 틀리거나 잘 모르는 것처럼 보이지 않음으로써 존중을 받기 원하고, 실력이 우월한 쪽은 자기가 늘 옳다는 이유로 누군가를 소외시키고 싶어 하지 않기 때문에 벌어지는 일이다. 디지털 시대는 어떤 주제에 대해 많이 알건 적게 알건 자신이 아는 것보다 더 많이 아는 척을 하는 경향을 극대화시킴으로써 '평등 편향'의 전성시대를 불러왔다. 이른바 '인정 투쟁'이 격화되면서 "우리

는 마치 우리가 박식한 사람인 척 연기를 하는 것에 가까운 위험한 상태에 도달"한 것이다. 강준만, 「왜 우리는 의사결정과 인간관계를 뒤섞는가?: 평등 편향」, 『습관의 문법: 세상을 꿰뚫는 이론 7』(인물과사상사, 2019), 67~71쪽 참고.

49 '더닝-크루거 효과(Dunning–Kruger effect)'는 무능한 사람 일수록 자신이 무능하지 않다고 더 강하게 확신하는 인지적 편향을 말한다. 이는 우리가 얼마나 무지한지를 아는 '메타인지(metacognition)' 능력의 부족 때문에 일어난다. 강준만, 「왜 자신이 어리석다는 사실을 전혀 모를까?: 더닝-크루거 효과」, 『습관의 문법: 세상을 꿰뚫는 이론 7』(인물과사상사, 2019), 72~77쪽 참고.

50 '이기적 편향(self-serving bias)'은 자신의 부정적인 행동이나 사건에 대해서는 상황적·환경적 요인으로 돌리는 반면, 자신의 긍정적인 행동이나 사건에 대해서는 자신의 내부적 요인으로 돌리는 경향을 말한다. 이는 자신에게 유리하게 사고하는 방식인데, 자신의 자존감을 높이거나 방어하려는 욕구 때문에 생겨나는 것이다. 이런 욕구는 반지성주의의 토대가 될 수 있다.

51 강준만, 「'미디어 혁명'이 파괴한 '위선의 제도화': 커뮤니케이션의 관점에서 본 '트럼프 현상'」, 『사회과학 담론과정책』, 9권 2호(2016년 10월), 85~115쪽.

52 이는 다음 칼럼에 달린 댓글이다. 정희진, 「'베스트 청원'이라는 슬픈 광기」, 『경향신문』, 2017년 9월 4일.

53 대니얼 카너먼(Daniel Kahneman), 이진원 옮김, 『생각에 관한 생각: 우리의 행동을 지배하는 생각의 반란』(김영사, 2011/2012), 191쪽; 강준만, 「왜 머릿속에 잘 떠오르는 걸 중요하다고 생각하는가?: 가용성 편향」, 『감정 독재: 세상을 꿰뚫는 50가지 이론』(인물과사상사, 2013), 113~117쪽 참고.

54 Jacques Ellul, trans. Konrad Kellen and Jean Lerner, 『Propaganda: The Formation of Men's Attitudes』(New York: Vintage Books, 1973).

55   Chrsitopher Lasch, 『Culture of Narcissism』(New York: Warner Books, 1979), pp.142~143.

56   Todd Gitlin, 「Spotlights and Shadows: Television and the Culture of Politics」, 『College English』, 38:8(April 1977), pp.789~801.

57   김수아, 「남성 중심 온라인 커뮤니티에서의 페미니즘 주제 토론 가능성: '역차별' 담론 분석을 중심으로」, 『미디어, 젠더&문화』, 32권 3호(2017년), 5~45쪽.

58   나임윤경, 「'오빠가 허락한 페미니즘'의 제목운명론」, 『한겨레』, 2022년 4월 27일.

59   정여근, 『20대 남자, 이대남은 지금 불편하다: 대한민국에서 살아가는 20대 남성들의 현타 보고서』(애플북스, 2021), 22~23쪽.

60   우치다 다쓰루 엮음, 김경원 옮김, 『반지성주의를 말하다: 우리는 왜 퇴행하고 있는가』(이마, 2015/2016); 한상원, 「아도르노와 반지성주의에 관한 성찰: 민주주의와 지성의 상관성 물음」, 『철학』, 135권 (2018년 5월), 23~46쪽.

61   대니얼 카너먼(Daniel Kahneman), 이진원 옮김, 『생각에 관한 생각: 우리의 행동을 지배하는 생각의 반란』(김영사, 2011/2012), 122~124쪽; 강준만, 「왜 지식인 논객들은 편 가르기 구도의 졸(卒)이 되었을까?: 확증 편향」, 『감정 독재: 세상을 꿰뚫는 50가지 이론』(인물과사상사, 2013), 130~134쪽 참고.

62   칩 히스(Chip Heath)·댄 히스(Dan Heath), 안진환 옮김, 『자신있게 결정하라: 불확실함에 맞서는 생각의 프로세스』(웅진지식하우스, 2013), 139쪽; 강준만, 「왜 헤어져야 할 커플이 계속 관계를 유지하는가?: 매몰 비용」, 『감정 독재: 세상을 꿰뚫는 50가지 이론』(인물과사상사, 2013), 95~100쪽 참고.

63   조너선 하이트(Jonathan Haidt), 권오열 옮김, 『행복의 가설』(물푸레, 2006/2010), 65쪽; 니콜라스 디폰조(Nicholas DiFonzo), 곽윤정 옮김, 『루머사회: 솔깃해서 위태로운 소문의 심리학』(흐름출판, 2008/2012), 41쪽; 강준만, 「왜 네거티브 공방은 선거의 본질

이 되었는가?: 부정성 편향」, 『감정 동물: 세상을 꿰뚫는 이론 6』(인물과사상사, 2017), 265~272쪽 참고.

64   David Berreby, 『US & THEM: The Science of Identity』 (Chicago: University of Chicago Press, 2008); Frances E. Lee, 『Beyond Ideology: Politics, Principles, and Partisanship in the U.S. Senate』(Chicago: University of Chicago Press, 2009); Bruce Rozenblit, 『Us Against Them: How Tribalism Affects the Way We Think』(Kansas City, MO: Transcendent Publications, 2008).

65   Murray Edelman, 『Constructing the Political Spectacle』 (Chicago, IL: University of Chicago Press, 1988), pp.73~83; 강준만, 「왜 정치적 편향성은 '이익이 되는 장사'일까?: 적 만들기」, 『우리는 왜 이렇게 사는 걸까?: 세상을 꿰뚫는 50가지 이론 2』(인물과사상사, 2014), 97~104쪽 참고.

66   비키 쿤켈(Vicki Kunkel), 박혜원 옮김, 『본능의 경제학: 본능 속에 숨겨진 인간 행동과 경제학의 비밀』(사이, 2009), 85~86쪽.

67   칩 히스(Chip Heath)·댄 히스(Dan Heath), 안진환·박슬라 옮김, 『스틱!: 1초 만에 착 달라붙는 메시지, 그 안에 숨은 6가지 법칙(개정증보판)』(엘도라도, 2007/2009), 314~315쪽.

68   던컨 와츠(Duncan J. Watts), 정지인 옮김, 『상식의 배반』(생각연구소, 2011), 171쪽.

69   롤프 도벨리(Rolf Dobelli), 두행숙 옮김, 『스마트한 생각들: 사람의 마음을 움직이는 52가지 심리 법칙』(걷는나무, 2011/2012), 165~166, 252~255쪽; 대니얼 카너먼(Daniel Kahneman), 이진원 옮김, 『생각에 관한 생각: 우리의 행동을 지배하는 생각의 반란』(김영사, 2011/2012), 274~275쪽; 강준만, 「왜 우리를 사로잡는 재미있는 이야기는 위험한가?: 이야기 편향」, 『감정 독재: 세상을 꿰뚫는 50가지 이론』(인물과사상사, 2013), 204~208쪽 참고.

70   마이클 모부신(Michael J. Mauboussin), 서정아 옮김, 『내가 다시 서른 살이 된다면』(토네이도, 2012/2013), 58쪽.

71　세스 고딘(Seth Godin), 안진환 옮김, 『마케터는 새빨간 거짓
　　　말쟁이: 마케팅을 강력하게 만드는 스토리텔링의 힘』(재인,
　　　2005/2007), 215~216쪽; 심혜리, 「"미국 보수화 선동 폭스뉴
　　　스…그 중심엔 로저 아일스"」, 『경향신문』, 2011년 8월 12일;
　　　Scott Collins, 『Crazy Like a Fox: The Inside Story of How Fox
　　　News Beat CNN』(New York: Portfolio, 2004); Kerwin Swint,
　　　『Dark Genius: The Influential Career of Legendary Political
　　　Operative and Fox News Founder Roger Ailes』(New York:
　　　Union Square Press, 2008).

72　한보희, 「음모 대세: 혹은 음모론에 대처하는 우리의 자세」, 『문학과
　　　사회』, 26권 4호(2013년), 296~315쪽.

73　전상진, 「어떻게 음모론을 믿지 않을 수 있을까?」, 『문학과사회』,
　　　26권 4호(2013년), 281~295쪽; 전상진, 『음모론의 시대』(문학과
　　　지성사, 2014).

74　김종영, 「'황빠' 현상 이해하기: 음모의 문화, 책임전가의 정치」, 『한
　　　국사회학』, 41권 6호(2007년), 100쪽.

75　강준만, 「왜 명문대는 물론 명문고 학생들까지 '과잠'을 맞춰 입는
　　　가?: 사회정체성 이론」, 『생각과 착각: 세상을 꿰뚫는 50가지 이론
　　　5』(인물과사상사, 2016), 75~82쪽 참고.

76　Daniel J. Boorstin, 『Democracy and Its Discontents:
　　　Reflections on Everyday America』(New York: Vintage Books,
　　　1975), pp.28~29.

77　강준만, 「언론학에서의 이상주의와 현실주의: 월터 리프먼의 삶과 사
　　　상에 대한 재해석」, 『커뮤니케이션이론』, 13권 4호(2017년 12월),
　　　92~165쪽 참고.

78　강준만, 「사울 알린스키의 커뮤니케이션 전략: 한국 정치의 소통
　　　을 위한 적용」, 『정치·정보연구』, 제19권 1호(2016년 2월), 351~
　　　387쪽 참고.

79　톰 니콜스(Tom Nichols), 정혜윤 옮김, 『전문가와 강적들: 나도 너
　　　만큼 알아』(오르마, 2017).

제2장 탁현민이 연출한 문재인의 '이미지 정치'

1   퀜틴 스키너 외, 강정인 편역, 『마키아벨리의 이해』(문학과지성사, 1993), 89쪽.

2   로버트 멘셜(Robert Menschel), 강수정 옮김, 『시장의 유혹, 광기의 덫』(에코리브르, 2002/2005), 200, 214, 254쪽.

3   Harold D. Lasswell, 「The Symbolic Uses of Politics(book review article)」, 『American Journal of Sociology』, 70(May 1965), p.735; 강준만, 「제5장 왜 정치는 '상징 조작의 예술'인가?: 머리 에델먼」, 『커뮤니케이션 사상가들(개정판)』(인물과사상사, 2017), 185~213쪽 참고.

4   Neil Postman, 『Amusing Ourselves to Death: Public Discourse in the Age of Show Business』(New York: Penguin Books, 1985), p.125.

5   Barrett Seaman & David Beckwith, 「I Love People」, 『Time』, 7 July, 1986, p.16.

6   탁현민, 『탁현민의 멘션S』(미래를소유한사람들, 2012), 204쪽.

7   허진, 「문재인과 성공회대 사람들…정해구·탁현민 그리고 신영복」, 『중앙일보』, 2018년 3월 23일.

8   「공지영·조국 "MBC 출연 거부한다"」, 『한겨레』, 2011년 7월 18일.

9   강훈, 「[시사어퍼컷] 나꼼수의 위태로운 증오 마케팅」, 『유코피아』, 2012년 1월 20일.

10   백철, 「'나는 꼼수다' 열풍의 정체는」, 『주간경향』, 2011년 10월 18일.

11   「탁현민 'FTA 매국송 1' 공개…"우리에겐 나꼼수뿐"」, 『경향신문』, 2011년 11월 23일.

12   배성규·김시현, 「"공지영·김미화가 한마디 하면 야당 기류 바뀐다" 민주당 핵심 관계자」, 『조선일보』, 2011년 11월 26일.

13   이윤정, 「30일 나꼼수 여의도 공연 모금액이…쌍가락지·저금통도」, 『경향신문』, 2011년 12월 1일.

14   양정철, 『세상을 바꾸는 언어: 민주주의로 가는 말과 글의 힘』(메디

치, 2018), 56쪽.

15 이종근·이종훈, 「확 바뀐 청와대」, 『YTN』, 2017년 5월 12일; 신혜정, 「'청와대 얼굴 패권주의' 웃어넘기기엔 불편한 이유」, 『한국일보』, 2017년 5월 15일; 김창균, 「'이벤트'로 떴다가 '레토릭'으로 지나」, 『조선일보』, 2019년 1월 3일.

16 곽래건, 「비정규직 제로 정책, 비정규직 더 늘렸다…文 정부서 20% 돌파」, 『조선일보』, 2022년 8월 26일; 손해용, 「공공기관 '무늬만 정규직' 전환…10만 명 중 일반 정규직은 14%」, 『중앙일보』, 2022년 9월 21일; 박상기, 「비정규직 150만 명 늘어 800만 명 돌파… 풀타임 일자리는 185만 개 사라져」, 『조선일보』, 2022년 10월 3일.

17 최지용, 「첫 민생 행보는 '1만 명 정규직화' 문재인 등장에 인천공항 노동자들 '환호'」, 『오마이뉴스』, 2017년 5월 12일.

18 이하원, 「[만물상] '남자 마음 설명서'」, 『조선일보』, 2017년 5월 27일.

19 정재호, 「탁현민 이번엔 '성매매 찬양' 논란… "동방예의지국의 아름다운 풍경"」, 『한국일보』, 2017년 7월 4일; 한승곤, 「탁현민 "터키탕, 안마 시술소…동방예의지국 풍경, 칭찬하지 않을 수 없어" 성매매 찬양 논란」, 『아시아경제』, 2017년 7월 5일.

20 박국희, 「우병우처럼 누구도 손 못 대는…'王행정관' 탁현민」, 『조선일보』, 2017년 7월 14일.

21 이민석, 「북핵·계란 언급 없는…일요일 밤의 정권 홍보 쇼」, 『조선일보』, 2017년 8월 21일.

22 최연진, 「"쇼통", "정치쇼", "자화자찬 디너쇼"…野 3당, 文 대통령 '대국민 보고' 비판」, 『조선일보』, 2017년 8월 22일.

23 박순봉, 「보수 야당, 정부 100일 '대국민 보고대회'에 "자화자찬", "쇼통의 끝"」, 『경향신문』, 2017년 8월 20일.

24 이옥진, 「'여성 비하' 탁현민 경질 꺼냈다가…오히려 경질 압박받는 여성부 장관」, 『조선일보』, 2017년 8월 31일.

25 정희진, 「'베스트 청원'이라는 슬픈 광기」, 『경향신문』, 2017년 9월 4일.

26 허진, 「[단독] 드루킹 측 "탁현민 이미 사과"…총영사 갈등 뒤 "총선

때 보자"」, 『중앙일보』, 2018년 4월 20일.

27 허진, 「"대통령 숨소리 울음이 묻어 있다" 청와대·민주당 'SNS 보좌' 논란」, 『중앙일보』, 2017년 12월 25일.

28 홍영림, 「소통 강박증 '쇼통'」, 『조선일보』, 2017년 12월 29일.

29 「[사설] 입법·행정·사법에 지방 권력까지 쥔 文 정권, 獨善 경계해야」, 『조선일보』, 2018년 6월 14일.

30 이슬비, 「[궁금한 뉴스] 작년 빨래방서 대통령 만난 청년, 26일 호프집 미팅 '겹치기 출연'」, 『조선일보』, 2018년 7월 28일.

31 안용현, 「[만물상] 호프집 미팅 각본」, 『조선일보』, 2018년 7월 28일.

32 이훈범, 「쇼는 계속돼야 한다」, 『중앙일보』, 2018년 7월 31일.

33 최상연, 「청와대 소통이 2% 부족한 까닭은」, 『중앙일보』, 2018년 8월 6일.

34 김지연, 「"쌓인 눈 보며 만주와 대륙 떠올려, 남북 철도 착공식 연내 가능"…임종석의 '첫눈'」, 『세계일보』, 2018년 11월 25일.

35 최경운, 「[만물상] 정치는 쇼다?」, 『조선일보』, 2019년 1월 11일.

36 박세환, 「탁현민 발언에 청와대 '부글부글'」, 『국민일보』, 2019년 11월 19일.

37 유성운, 「탁현민의 예언 적중?…"국민과의 대화 아닌 팬 미팅 같았다"」, 『중앙일보』, 2019년 11월 20일.

38 소설희, 「박지원 "좋은 시도지만 산만…문 대통령 지지율 많이 오를 것"」, 『국민일보』, 2019년 11월 20일.

39 김기정, 「진중권 "文, 남이 써준 연설문 그냥 읽는 의전 대통령 같다"」, 『중앙일보』, 2020년 6월 10일.

40 손지은, 「진중권, 靑·與 총공격에 "울고불고 北 응원단 생각나"」, 『서울신문』, 2020년 6월 12일; 김동하, 「진중권, 여권 잇단 비판에 "내 핑계로 충성 경쟁 하는 거냐"」, 『조선일보』, 2020년 6월 13일, A26면.

41 양승식, 「6·25 행사의 주인공은 비행기, 유해는 소품이었나」, 『조선일보』, 2020년 6월 30일; 한현우, 「[만물상] 영웅의 유해를 대하는 법」, 『조선일보』, 2020년 7월 1일, A26면.

42 김효성, 「"文 지지 많으니 다 잘한다 착각" 조기숙 경고로 본 '지지율 덫'」, 『중앙일보』, 2020년 7월 1일.

43 허우성, 「진정한 협치는 상대의 논리 존중하는 노력 뒷받침돼야」, 『중앙일보』, 2020년 7월 27일, 29면.

44 강찬호, 「박원순엔 침묵하고 탁현민은 감싸며 '페미니스트'라는 대통령」, 『중앙일보』, 2020년 7월 30일, 28면.

45 최훈민, 「"문 대통령 직접 만난 뒤 확신" 고민정 유료 강좌 어떤 얘기 오갔나」, 『일요서울』, 2020년 8월 13일; 김도연, 「고민정, 안혜리 '쇼통' 칼럼에 "짜깁기" 반박」, 『미디어오늘』, 2020년 12월 18일.

46 정진홍, 「김원웅의 본색은 친일 청산 아닌 연방제」, 『조선일보』, 2020년 8월 19일, A35면.

47 한영익, 「진중권 "文, 중요한 순간 행방불명…박근혜 때와 뭐가 다른가"」, 『중앙일보』, 2020년 8월 23일.

48 장세정, 「"한 게 뭐 있나" 말 들은 정은경…'대통령 영웅'서 진짜 영웅되려면」, 『중앙일보』, 2020년 9월 21일, 30면.

49 진중권, 『진보는 어떻게 몰락하는가: 저들은 대체 왜 저러는가?』(천년의상상, 2020), 244~246쪽.

50 이문원, 「문재인의 BTS 대동으로 본 정치와 대중문화」, 『월간조선』, 2021년 11월호.

51 정우상, 「세계서 제일 잘나가는 BTS를 청년 대표로 부른 靑…탁현민 "BTS의 선물, 행사 연출한 내 선물이기도"」, 『조선일보』, 2020년 9월 21일, A4면.

52 박찬수, 「2012년 정치인 문재인이 주목한 '공평과 정의'」, 『한겨레』, 2020년 9월 24일, 26면.

53 안혜리, 「탁현민이 대한민국 대통령인가」, 『중앙일보』, 2020년 9월 25일, 30면.

54 조형국, 「[창간기획-여론조사] 국정 운영 5개 항목 중 '인사' 최저점…'소통'만 긍정적」, 『경향신문』, 2020년 10월 6일, 4면.

55 대통령 취임사에 나오는 소통 약속의 일부를 다시 음미해보자면 이렇다. "오늘부터 저는 국민 모두의 대통령이 되겠습니다. 저를 지지

하지 않았던 국민 한 분 한 분도 저의 국민이고, 우리의 국민으로 섬
기겠습니다. 저는 감히 약속드립니다. 2017년 5월 10일, 이날은 진
정한 국민 통합이 시작되는 예로 역사에 기록될 것입니다.……국민
과 수시로 소통하는 대통령이 되겠습니다. 주요 사안은 대통령이 직
접 언론에 브리핑하겠습니다. 퇴근길에는 시장에 들러 마주치는 시
민들과 격의 없는 대화를 나누겠습니다. 때로는 광화문광장에서 대
토론회를 열겠습니다.……낮은 자세로 일하겠습니다. 국민과 눈높
이를 맞추는 대통령이 되겠습니다.……분열과 갈등의 정치도 바꾸
겠습니다. 보수와 진보의 갈등은 끝나야 합니다. 대통령이 나서서
직접 대화하겠습니다. 야당은 국정 운영의 동반자입니다. 대화를 정
례화하고 수시로 만나겠습니다.……소통하는 대통령이 되겠습니다.
낮은 사람, 겸손한 권력이 돼 가장 강력한 나라를 만들겠습니다. 군
림하고 통치하는 대통령이 아니라 대화하고 소통하는 대통령이 되
겠습니다. 광화문 시대 대통령이 되어 국민과 가까운 곳에 있겠습니
다. 따뜻한 대통령, 친구 같은 대통령으로 남겠습니다."

56 홍세화, 「우리 대통령은 착한 임금님」, 『한겨레』, 2020년 11월 20일,
    22면.

57 최인준, 「[기자의 시각] 또 '쇼통' 들러리 된 기업인」, 『조선일보』,
    2020년 11월 27일, A34면. 이런 식의 기업인 이용은 문재인 정권
    5년 내내 지속된 관행이었다. "역대 대통령은 거의 안 빠지던 경제
    계 행사에 대통령 자신은 임기 5년 내내 한 번도 참석하지 않으면
    서, 청와대 행사에는 기업 총수들을 동원했다. 청년들에게 보내는
    영상 메시지까지 만들어 제출하라면서다." 백일현, 「기업을 대하는
    청와대의 자세」, 『중앙일보』, 2022년 3월 9일.

58 안준용, 「흑백으로 TV 나온 文 대통령 '탄소 중립 선언'…탈원전은
    없었다」, 『조선일보』, 2020년 12월 11일, A5면.

59 손호영, 「KBS 노조 "방송 독립 개나 줘라, 王PD 탁현민이 흑백TV
    쇼"」, 『조선일보』, 2020년 12월 11일.

60 배재성, 「탁현민 'KBS 왕PD' 논란에 "행사 책임자가 연출, 뭐 이상
    한가"」, 『중앙일보』, 2020년 12월 11일.

61 「[사설] 난데없는 '흑백 文'도 탁현민 지시, 靑 노리개 된 KBS」, 『조선일보』, 2020년 12월 12일, A31면.

62 송혜진, 「"文이 갔던 임대주택, LH가 하루 보여주려 4억 5,000만 원 썼다"」, 『조선일보』, 2020년 12월 16일; 한은화, 「'文 임대주택 방문 쇼' LH, 대통령에 하루 보여주려 4억 썼다」, 『중앙일보』, 2020년 12월 16일.

63 「[사설] TV에 잘 나오면 되는 '쇼 국정' 임대주택 갖고도 장난」, 『조선일보』, 2020년 12월 17일, A39면.

64 신승근, 「대통령님, 솔직한 얘기를 듣고 싶어요」, 『한겨레』, 2020년 12월 23일, 27면.

65 이상언, 「진실을 감추는 선전, 통하니까 계속하겠죠?」, 『중앙일보』, 2021년 7월 21일; 김아진, 「"백신 계약" 생색은 대통령이…"도입 차질" 사과는 장관이」, 『조선일보』, 2021년 8월 10일.

66 이에 『조선일보』는 "좋은 일이 생기면 본인이 나서고, 위기가 닥치면 아랫사람을 대신 내세운다. 단 한 번 예외 없는 문(文)의 법칙이다"고 꼬집었다. 「[사설] '좋은 일은 내가, 나쁜 일은 부하가' 예외 없는 文의 법칙」, 『조선일보』, 2021년 12월 17일.

67 주희연, 「文 대통령, 경제·방역 자화자찬하며 "코리아 프리미엄 시대"」, 『조선일보』, 2021년 1월 6일, A4면.

68 이원율, 「유승민 "文, 왜 공감 능력이 없나…'여러 차례 지시' 책임만 떠넘기고"」, 『헤럴드경제』, 2021년 1월 5일.

69 임유진, 「文 참석 행사서 돌던 풍력발전기, 알고 보니 '모형 발전기'」, 『TV조선 뉴스9』, 2021년 9월 30일; 이가영, 「"가슴 뛴다"던 文 대통령 뒤 풍력발전기, 3억 원짜리 모형이었다」, 『조선일보』, 2021년 10월 1일.

70 김은경, 「민방위복에 모의 접종하고 대테러 훈련…"지나친 백신 쇼"」, 『조선일보』, 2021년 3월 7일.

71 신평, 『공정 사회를 향하여: 문재인 정권의 실패와 새로운 희망』(수류화개, 2021), 10쪽.

72 서민, 「"코리아만 코로나 못 이길 수도…'백신 쇼'부터 사과하라"」,

『조선일보』, 2021년 4월 10일.

73 이기문, 「[기자의 시각] 짜파구리와 미나리」, 『조선일보』, 2021년 4월
28일.

74 정봉오, 「김경율 "文 정부 정의·공정, '탁현민 소품' 전락"…김부겸
청문회서 비판」, 『동아닷컴』, 2021년 5월 7일; 배진영, 「김경율 전
참여연대 집행위원장, 김부겸 일가 관련 라임펀드에 대해 "지극히
유리한 조건의 특혜"」, 『월간조선』, 2021년 5월 7일.

75 박용하, 「문 대통령 취임 4주년…탁현민 "현재로만 평가 말라"야
"40년 같은 긴 터널"」, 『경향신문』, 2021년 5월 10일.

76 이한우, 「[이한우의 간신열전] [83] '광대 정치'의 末路」, 『조선일
보』, 2021년 5월 12일.

77 신동욱, 「[신동욱 앵커의 시선] 구름 위의 산책」, 『TV조선 뉴스9』,
2021년 5월 10일.

78 이철호, 「[이철호의 퍼스펙티브] 사실상 손 놓은 부동산과 탈원전」,
『중앙일보』, 2021년 6월 10일.

79 「[사설] 文 돋보이게 하려 G7 사진 분석, 한심하고 치졸하다」, 『조선
일보』, 2021년 6월 15일.

80 이상언, 「진실을 감추는 선전, 통하니까 계속하겠죠?」, 『중앙일보』,
2021년 7월 21일.

81 양상훈, 「'쇼찿사' 文과 탁의 마지막 무대들」, 『조선일보』, 2021년 9월
16일.

82 박민영, 『20대 남자, 그들이 몰려온다: 분노와 불안의 시대, 누가 그
들의 힘이 되어 줄 것인가?』(아마존북스, 2021), 221쪽.

83 김은빈, 「文 지지율 38% 소폭 상승…"유엔총회 후 '외교 잘한다' 급
증"[갤럽]」, 『중앙일보』, 2021년 10월 1일.

84 김태규, 「탁현민이 전한 美 메트 방문 뒷얘기…"BTS 간다니 모든 문
제 해결"」, 『뉴시스』, 2021년 10월 2일.

85 진창일 외, 「"文 발표 뒷배경 허전하자, 누리호 과학자들 병풍으로
동원"」, 『중앙일보』, 2021년 10월 22일.

86 송주상, 「'누리호 개발자 병풍' 文 의전 보도에 탁현민 "악마 같은

기사」,『조선일보』, 2021년 10월 23일.

87   정철운,「누리호 과학자들은 정말 대통령의 '병풍'이었을까」,『미디어오늘』, 2021년 10월 24일.

88   최준호,「모형 러 첨단 로켓서 전율의 발견⋯누리호 개발의 비밀」,『중앙일보』, 2021년 10월 29일. 전 청와대 의전비서관실 선임행정관 이강래는 탁현민의 반론에 대해 이렇게 말했다. "왜 하필 생방송 시점이 발사 당일, 그것도 발사 통제동 내부일까요. 예를 들어, 올림픽 결승전 시합 바로 전, 선수 존에서 대통령이 생방송 연설을 했다면 어땠을까요. 분명히 비난받았을 겁니다. 그야말로 선수들에게는 1분 1초가 중요한 순간이기 때문입니다. 그렇다면 누리호 발사의 주인공이 누구입니까. 대통령입니까, 과학자들입니까. 행사 때문에 신원이 확실한 과학자들도 MD(금속탐지기) 통과하고 행사와 관련된 회의 참석 또는 지시 사항을 전달받고 숙지하는 등 정신없었을 겁니다. 상황이 이런데, 주인공인 과학자들이 발사에 전념할 수 있었겠습니까. 주인공들을 불편하게 만드는 행사가 어디에 있습니까?" 최우석,「직설 인터뷰: 전직 청와대 의전 담당자가 본 '탁현민표' 의전, 이강래 전 청와대 의전비서관실 선임행정관 "탁현민의 가장 큰 잘못은 '국민' 아닌 '문재인 대통령'만 주인공 만드는 것"」,『월간조선』, 2021년 12월호.

89   오병상,「[오병상의 코멘터리] 문재인 김오수 이재명⋯불통의 정치」,『중앙일보』, 2021년 11월 9일.

90   고석현,「정의당 "文, 대장동 비리 사과했어야⋯K시리즈 자화자찬 연설"」,『중앙일보』, 2021년 10월 25일.

91   김명일,「탁현민 "野·모자란 기자들이 순방만 다녀오면 관광이라 해"」,『조선일보』, 2022년 1월 25일.

92   김아진,「탁현민 "김정숙 여사 피라미드 관람이 버킷 리스트? 무식한 野, 정말 애쓴다"」,『조선일보』, 2022년 2월 3일.

93   남정호,『김정숙 버킷 리스트의 진실: 의혹만 무성했던 김정숙 여사 외유의 실체를 파헤치다』(진명출판사, 2022), 13~14쪽.

94   강태화,「불리하면 "가짜뉴스" 들통나면 '침묵'⋯이게 文 정부 5년

패턴」,『중앙일보』, 2022년 2월 6일.

95 김태훈, 「[취재파일] 한국형 아이언돔, 개발 착수 전에 시험 발사 성공?…L-SAM 영상은 조작」,『SBS 뉴스』, 2022년 3월 3일.

96 신은별, 「"세계가 공인하는 선진국 됐다"…문 대통령의 짙은 '자부심'」,『한국일보』, 2022년 3월 1일.

97 최우석, 「직설 인터뷰: 전직 청와대 의전 담당자가 본 '탁현민표' 의전, 이강래 전 청와대 의전비서관실 선임행정관 "탁현민의 가장 큰 잘못은 '국민' 아닌 '문재인 대통령'만 주인공 만드는 것"」,『월간조선』, 2021년 12월호; 최우석, 「"탁현민의 가장 큰 잘못은 국민 아닌 文 대통령만 주인공 만드는 것"」,『조선일보』, 2021년 11월 21일.

98 변덕호, 「김건희 여사 장신구 논란에…탁현민 "김정숙 여사 건드린 탓"」,『매일경제』, 2022년 9월 14일.

99 이현상, 「'무능 프레임' 탈출할 수 있을까」,『중앙일보』, 2022년 9월 23일.

100 권준영, 「조해진, 尹 조문 논란 직격 "21세기에 웬 '예송 논쟁'인가…영국 대사가 웃겠다"」,『디지털타임스』, 2022년 9월 22일.

101 그는 일본에서 도덕의 이미지는 '노인·보수'인 반면, 한국에서 도덕의 이미지는 '청춘·혁신'이라고 했다. 오구라 기조, 조성환 옮김,『한국은 하나의 철학이다: 리(理)와 기(氣)로 해석한 한국 사회』(모시는사람들, 1998/2017), 13, 15, 22쪽.

제3장 민형배의 '위장 탈당'은 '순교자 정치'인가?

1 김동하, 「양향자 이탈하자, 민형배 탈당 꼼수…법사위 검수완박 의결 가능해져」,『조선일보』, 2022년 4월 20일.

2 김동하, 「이상민, 민형배 탈당에 "헛된 망상, 패가망신 지름길"」,『조선일보』, 2022년 4월 20일.

3 오경묵, 「민형배 탈당 놓고 김남국 "만반의 준비" 조응천 "국민 시선 두렵다"」,『조선일보』, 2022년 4월 21일.

4 　김다영, 「박용진 "민형배 탈당, 묘수 아닌 꼼수"…민주 내부 반발 터졌다」, 『중앙일보』, 2022년 4월 21일.

5 　김명일, 「"우상이었던 586 선배들이 괴물 되어간다"…조정훈, 검수완박 돌직구」, 『조선일보』, 2022년 4월 21일.

6 　정혜정, 「정의당 "민형배 탈당, 대국회 민주주의 테러"」, 『중앙일보』, 2022년 4월 20일.

7 　김명진, 「정의당, 민형배 탈당에 "민주주의에 대한 테러"」, 『조선일보』, 2022년 4월 20일.

8 　하수영, 「"민형배 1,004원 돈쭐, 양향자엔 18원"…'재명이네' 쏟아진 인증 샷」, 『중앙일보』, 2022년 4월 21일.

9 　이주형, 「'검수완박 위한 탈당' 민형배 "국힘·檢이 발버둥쳐도 역사는 앞으로"」, 『매일신문』, 2022년 5월 1일.

10 　이성택·홍인택, 「민주당, 허니문 선거라 졌다? 지선 패배 자초한 다섯 장면」, 『한국일보』, 2022년 6월 6일.

11 　최석진, 「민형배 의원 민주당 복귀할 생각 없나?…'위장 탈당' 발언에 발끈」, 『아시아경제』, 2022년 5월 9일.

12 　이민찬, 「위장 탈당 아니라더니…민주당 후보 선대위 맡은 민형배」, 『채널A 뉴스』, 2022년 5월 13일.

13 　전범진, 「'꼼수 탈당' 부정한 민형배, 개딸엔 "민주당은 야당답게 잘하겠다"」, 『한국경제』, 2022년 5월 13일.

14 　홍민성, 「민형배의 '자화자찬'…"내 탈당이 꼼수? '비상한 수단' 쓴 것"」, 『한국경제』, 2022년 5월 16일.

15 　최진석, 「인간적이라는 것」, 『중앙일보』, 2022년 5월 27일.

16 　조의준·박상기, 「"과거엔 돌팔매 맞았는데…" 18.8% 득표 이정현이 본 호남 민심」, 『조선일보』, 2022년 6월 4일.

17 　김승재, 「민형배 "패배 원인 검수완박에 씌우는 건 옳지 않아, 복당할 것"」, 『조선일보』, 2022년 6월 6일.

18 　정진형·홍연우, 「우상호 "민형배 복당 요청할 생각 없다…헌재 판결 우선"」, 『뉴시스』, 2022년 6월 12일.

19 　양승식, 「민형배, 낙동강 오리알 되나…당권 주자들 "복당 안 돼"」,

『조선일보』, 2022년 6월 30일.

20 권준영, 「'꼼수 탈당' 민형배, 낙동강 오리알 되나…SNS엔 김건희 여사 '저격글' 남겨」, 『디지털타임스』, 2022년 6월 30일.

21 박세인, 「박지현 "민형배 복당 안 돼…책임 인정해야 민생 개혁"」, 『한국일보』, 2022년 7월 1일.

22 양승식, 「'꼼수 탈당' 민형배 "전대 과정서 제 거취 거론 말라"」, 『조선일보』, 2022년 7월 1일.

23 권준영, 「김용태, '꼼수 탈당' 민형배 제대로 때렸다 "이렇게 뻔뻔할 수 있나…기가 찰 따름"」, 『디지털타임스』, 2022년 7월 3일.

24 황희진, 「민형배 "확신범 이상민, 탄핵 서둘러 추진해야"」, 『매일신문』, 2022년 7월 25일.

25 이상원, 「이재명, '꼼수 탈당' 민형배 "개인 이익 위해 아니라 희생한 것"」, 『이데일리』, 2022년 8월 16일.

26 권준영, 「'꼼수 탈당' 민형배, 이재명 극찬…"철학이 바르고 품격도 있어…역시 이재명!"」, 『디지털타임스』, 2022년 9월 28일.

27 민형배, 『자치가 진보다』(메디치, 2013), 10쪽.

28 민형배, 『자치가 진보다』(메디치, 2013), 10~11, 16쪽.

29 정대하, 「"정권 교체가 아니라 권력 주체를 바꿔야 한다"」, 『한겨레』, 2015년 12월 11일.

30 민형배, 『광주의 권력: 민주화의 성지에서 민주주의 정원으로』(단비, 2017), 33쪽.

31 김화빈, 「민형배 "급기야 '처럼회 해체론' 등장…수구 언론의 프레임"」, 『이데일리』, 2022년 6월 15일.

32 김명일, 「친노 조기숙 "한때 존경했던 정청래, 나이 들면 생각도 성숙해져야"」, 『조선일보』, 2022년 6월 14일.

33 박광연, 「황운하 "처럼회, 정치·검찰 개혁 순교자 될 각오 돼 있는 분들"」, 『경향신문』, 2022년 6월 14일.

34 민형배, 『자치가 진보다』(메디치, 2013), 246~259쪽.

35 이윤재·이종준, 『좋은 영어 지식 사전』(다락원, 2012), 287쪽.

반지성주의

© 강준만, 2022

초판 1쇄 2022년 11월 28일 찍음
초판 1쇄 2022년 12월 2일 펴냄

지은이 | 강준만
펴낸이 | 강준우
기획·편집 | 박상문, 김슬기
디자인 | 최진영
마케팅 | 이태준
관리 | 최수향
인쇄·제본 | (주)삼신문화

펴낸곳 | 인물과사상사
출판등록 | 제17-204호 1998년 3월 11일

주소 | (04037) 서울시 마포구 양화로7길 6-16 서교제일빌딩 3층
전화 | 02-325-6364
팩스 | 02-474-1413

www.inmul.co.kr | insa@inmul.co.kr

ISBN 978-89-5906-660-5 03300

값 14,000원